会社別就活ハンドブックシリーズ

2025

任天堂の
就活ハンドブック

就職活動研究会 編
JOB HUNTING BOOK

は じ め に

　2021年春の採用から，1953年以来続いてきた，経団連（日本経済団体連合会）の加盟企業を中心にした「就活に関するさまざまな規定事項」の規定が，事実上廃止されました。それまで卒業・修了年度に入る直前の3月以降になり，面接などの選考は6月であったものが，学生と企業の双方が活動を本格化させる時期が大幅にはやまることになりました。この動きは2022年春そして2023年春へと続いております。

　また新型コロナウイルス感染者の増加を受け，新卒採用の活動に対してオンラインによる説明会や選考を導入した企業が急速に増加しました。採用環境が大きく変化したことにより，どのような場面でも対応できる柔軟性，また非接触による仕事の増加により，傾聴力というものが新たに求められるようになりました。

　『会社別就職ハンドブックシリーズ』は，いわゆる「就活生向け人気企業ランキング」を中心に，当社が独自にセレクトした上場している一流・優良企業の就活対策本です。面接で聞かれた質問にはじまり，業界の最新情報，さらには上場企業の株主向け公開情報である有価証券報告書の分析など，企業の多角的な判断・研究材料をふんだんに盛り込みました。加えて，地方の優良といわれている企業もラインナップしています。

　思い込みや憧れだけをもってやみくもに受けるのではなく，必要な情報を収集し，冷静に対象企業を分析し，エントリーシート作成やそれに続く面接試験に臨んでいただければと思います。本書が，その一助となれば幸いです。

　この本を手に取られた方が，志望企業の内定を得て，輝かしい社会人生活のスタートを切っていただけるよう，心より祈念いたします。

就職活動研究会

Contents

第1章

任天堂の会社概況

会社によって選考方法は千差万別。面接で問われる内容や採用スケジュールもバラバラだ。採用試験ひとつとってみても，その会社の社風が表れていると言っていいだろう。ここでは募集要項や面接内容について過去の事例を収録している。

また，志望する会社を数字の面からも多角的に研究することを心がけたい。

✔ 社長からのメッセージ

「独創」の精神

任天堂は、1983年に「ファミリーコンピュータ」を発売して以来、独創的なハード・ソフト一体型の娯楽製品を世界に向けて創り続け、2017年には新しい家庭用据置型ゲーム機「Nintendo Switch（ニンテンドースイッチ）」を発売しました。「Nintendo Switch」は、従来の据置型ゲーム機とは違い、持ち運んだり、Joy-Conをおすそ分けしたり、「いつでも、どこでも、誰とでも」という自由なプレイスタイルで、さまざまなゲームを楽しむことができます。

娯楽企業としての任天堂の使命は、任天堂の商品やサービスを通じて、世の中の人々を笑顔にすることにあります。そのために、お客様にこれまでとは違った、新しく面白い娯楽体験を提供することに挑戦し続けています。

任天堂が手がける娯楽の商品は、生活必需品とは違って、面白くなければお客様に価値を感じていただけません。また、どんなに独創的で面白いものであっても、いつかは必ず飽きられるという宿命があります。

だからこそ、任天堂は「従来とは違うこと、他とは違うことにこそ価値がある」という「独創」の精神を最も大切にしてきました。それは、社員の一人ひとりに息づいており、将来にわたって引き継いでいく任天堂のDNAでもあります。

世の中で、あらゆることのスピードが上がり、世界中で次々と新しい製品やサービスが誕生する中、これまでにない新しくユニークな提案を生み出すハードルは年々高くなり、飽きのスピードも速度を増しています。私たちの挑戦が、今後ますます困難なものになっていくことは、想像に難くありません。

その困難に立ち向かっていくためには、多種多様な人材の能力が必要になります。任天堂は、さまざまな分野における知識や経験をもった、個性あふれる人材を求めています。

世の中の変化の速度に対応しながら、独創的な新しい提案をし続けることは、決して容易なことではありません。しかし、全社が一丸となって試行錯誤を繰り返し、たくさんの創意工夫を積み重ねて、これまでにない提案で世界中のたくさんのお客様を笑顔にできたときの達成感や喜びは、任天堂で働くからこそ得ることができる、何ものにも代えがたいものです。

覚悟をもって困難に向き合い、お客様の笑顔のために前向きに挑戦を続けていける人に、「独創」の精神を共有する仲間となっていただき、一緒に働くことを楽しみにしています。

代表取締役社長　　古川 俊太郎

✔ 会社データ

創業	明治22年9月
設立	昭和22年11月
資本金	10,065,400,000円
本社	京都市南区上鳥羽鉾立町11-1 TEL (075) 662-9600（代表）
代表者	代表取締役社長　古川　俊太郎 代表取締役 フェロー　宮本　茂
社員数	連結社員数　7,641名（2023年9月末現在） 単独社員数　2,777名（2023年9月末現在）

✔ 仕事内容

理工系

任天堂の理工系の仕事には、ゲームやシステム、ネットワークサービスなどの
ソフトウェア開発に関する業務や、電気電子、機構、生産技術などのハードウェ
ア開発に関する業務、任天堂のさまざまな業務を IT 技術で支えるコーポレー
ト IT、開発業務を円滑に進める役割である技術系総合や知的財産に関する業
務など、理工系のバックグラウンドが活かせるさまざまな業務があります。

ゲーム開発

主には任天堂のゲーム機に向けたゲームソフトのプログラムの設計と実装を担
当します。

グラフィックスや物理演算、AI、サウンド、UI、ゲームシステム、通信といった、
ゲーム機の中で動くプログラムのほか、PC ツールや Web アプリ、ゲームサー
バーなど、ゲーム機の外で動くプログラムまで、開発に必要なさまざまなプロ
グラムを作成します。また、それらのプログラムは、ひとつのゲームタイトル
に特化したものから、複数のタイトル間で共有できるよう汎用化されたもの(＝
ゲームエンジン)まで、形態もさまざまです。

ゲーム開発は、企画を形にする試作から始まり、商品開発に向けた本制作、そ
して品質を保証するための検証工程 (QA = Quality Assurance) で成り立っ
ています。

システム開発

「ハードウェア」と「ゲームソフト」の間に存在する数多くのソフトウェアをトー
タルで開発する仕事です。また、特定のハードウェア上で製品の魅力を十分に
引き出しながらゲームソフトを開発しやすくするための開発環境を整備し提供
する役割も担います。

ネットワークサービス開発

お客様にインターネットを通してさまざまなサービスを提供する仕組みを開
発・運用する業務です。Go、Kotlin、Java、Ruby、JavaScript などのプ
ログラミング言語を用いて Web アプリケーションを開発し、それをパブリッ
ククラウドに構築したサーバー上で動かしてサービスを提供します。また、そ
のサーバー上のプログラムと連動して動作するゲーム機本体、ゲームに組み込

まれるシステムソフトやライブラリを C++ を用いて開発したり、スマートデバイスアプリケーションの開発なども行います。

コーポレート IT

当社には開発、製造、販売、人事、経理、財務、総務など、さまざまな業務がありますが、それらの業務を行ううえでは業務を直接的に担うシステムに留まらず、社内でのコミュニケーション・情報流通を円滑に行うためのシステム、ネットワークやサーバーインフラ、PC 等の端末機器などが必要となります。

コーポレート IT は、さまざまな IT 技術を活用することにより業務の効率化、高度化、利用者である社員への快適な業務環境の提供を進め、当社ビジネスを支えていく重要なポジションです。

電気電子技術

任天堂ハードウェア製品の電子デバイスの設計・評価・製造に関わるのが電気電子技術の仕事です。製品の機能を実現するために必要とされるスペックを検討し、回路の設計・試作を行い、機能性や信頼性の評価・検証を繰り返し、改良を重ねて、ひとつの製品に仕上げていきます。

電気電子技術の仕事では、基板設計、システム LSI、メモリ、マイクロプロセッサー、センサー、インターフェース、ディスプレイ、タッチパネル、オーディオ／ビジュアル、電源、無線など、多種多様な技術を扱っています。

また、お客様に安心して製品を使って頂けるように、モノ作りの現場にも積極的に関与しています。

機構技術

機構技術の業務とは、製品コンセプトに応じて、任天堂ハードウェア製品に必要な機能を実現する形状や構造などを設計・評価する仕事です。目で見るもの、手で触れるもの、耳で聞くものなどの実現のために設計を行い、試作品にて評価検証を繰り返し、製品を作っていきます。

任天堂の機構技術の業務には、「筐体・機構設計」「ユーザビリティ設計」「機構部品開発」「冷却システム設計」「製品評価検証」などの業務があります。

生産技術

お客様の需要に応じて、期待に応える品質の製品を提供するため、品質を確保し、より早く、経済的に生産できる体制を構築するのが、生産技術の仕事です。近年は製品仕様が複雑化・多様化してきていることに加え、生産環境もグロー

バル化しており、生産技術の重要度が高まってきています。

任天堂における生産技術の具体的な仕事内容として、「生産プロセス開発」「生産設備技術開発」「工程管理・品質管理」「検査機設計」などが挙げられます。

知的財産

任天堂は、Nintendo Switch などのゲーム機やゲームソフトに搭載された技術を守る特許権、それらのデザインを守る意匠権、スーパーマリオなどの名前を守る商標権、キャラクター画像や音楽、ゲームプログラムを守る著作権など、多数の貴重な権利を所有しています。これらの権利は目に見えませんが、任天堂の独創的な商品、サービスが他人に模倣されることを防止するとともに、任天堂ブランドの維持・発展のため重要な役割を担っています。

技術系総合

任天堂の開発チームでは、さまざまな才能を持ったスペシャリストたちが共に協力しながら任天堂らしい魅力的な商品やサービスを開発する為に日々努力しています。そのような仲間たちと共に創意工夫をしながら、チーム全員が最も得意なことに力を集中し、総合力を最大化する為の業務に取り組むのが技術系総合の役割です。

デザイン系

任天堂のデザイン系の仕事は大きく３つの部門「ソフトウェア制作」「ハードウェア制作」「アートワーク制作」に分かれています。これら３つの説明と、各々の「専門的な仕事内容（職種）」をご紹介します。

ステージデザイン

ステージ制作とは、ゲームの地形・海・空・建物などの背景グラフィックづくりです。「背景」といっても一枚の絵ではなく、そのなかを実際に歩き回ったり、さまざまな角度から眺めたりするため、空間を丸ごとデザインします。

キャラクターデザイン

キャラクターデザインとは、文字通りゲーム内に出てくるキャラクターをデザインする仕事ですが、マリオのような人間や生き物の見た目や動きを考えるだけでなく、キャラクターが身に着ける衣服や武器、キャラクターが乗る車やバイク、時には家具のようなものもキャラクターデザイナーが担当します。担当は多岐にわたりますが、「見た目の美しさや面白さ」だけでなくゲーム内にお

ける「機能に合ったデザイン」を意識する必要があるという点は、すべてに共通しています。

UI/UX デザイン

UIとは「ユーザー・インターフェース」の略で、UXは「ユーザー・エクスペリエンス」の略です。

インターフェースは「接点 / 接触面」、エクスペリエンスは「経験 / 体験」を意味します。

ゲームにおけるUI/UXデザインとは、「ゲーム」と「遊び手」を仲介する絵や文字の表現を通じて、心地よいゲーム「体験」を作りだすこと、とも言えます。

エフェクトデザイン

エフェクトとは「効果」「影響」という意味ですが、映像やゲームにおけるエフェクトは、爆発や炎、煙、カミナリ、魔法、キラキラした光、ヒット効果など、主に「形が定まらないイメージ」や「自然現象」の表現のことを指します。インクや特殊な技、ヒットマークといった「ハッキリとした形がないもの」や「そもそも現実には存在しない記号表現」がゲーム開発でいう「エフェクト」です。これらをエフェクトデザイナーが制作しています。

CG スペシャリスト

「CGスペシャリスト」は、デザイナーの中でも主に「CG技術」を扱うことでゲームソフト開発に貢献する職種です。 その意味では「テクニカルアーティスト（TA）」と呼ばれる職種に近いと言えますが、プログラムを書くのがメインというよりは、さまざまなCGツールを駆使したり、高度なCGの設定を行ったり、時にはデザイナー向けのサポートツールを作成したりと、デザイナーの立場から「CG技術」を追求しゲーム開発に活用する仕事です。

プロダクトデザイン

プロダクトデザインとは一般的には製品のデザインを意味します。任天堂ではお客様がゲームを遊ぶためのハードウェア製品とその製品を取り巻く環境をデザインすることが仕事です。ゲーム機本体やコントローラーだけでなくACアダプターやキャリングケースなど、各種周辺機器のデザインも含んでいます。製品のコンセプト、遊び方、使い勝手、耐久性、生産性といった要求仕様に対して、形、色、素材、動き、ユースケースを検討して提案を行い、エンジニア、プログラマー、マーケターなど沢山の部門の人と協力しながらプロジェクトを

推進しています。

グラフィックデザイン

任天堂のグラフィックデザイナーは、ゲームやサービスのロゴ、パッケージ、広告、ブランディングなどのデザインや、

キャラクターを用いた商品展開におけるデザインを担当します。

商品やキャラクターの魅力を見極め、どのような方法でお客様にアピールするのかを開発部門やセールス部門と意見交換を行って検討を重ねていきます。

「任天堂の商品の魅力を、お客様にわかりやすく伝えること」

「任天堂のキャラクターの魅力を、たくさんの人に伝えること」

これらが任天堂ではたらくグラフィックデザイナーの大きな役割といえます。

イラストレーション

任天堂のイラストレーターの仕事は、『マリオ』や『ゼルダ』、『どうぶつの森』や『ピクミン』などの任天堂のキャラクターたちを、求められるイメージや演出に合わせ、最適な方法で描くことです。

3DCG モデリング

3DCG モデリングの仕事では、ゲームに登場するキャラクターをゲーム以外のあらゆるメディアで使用するために高精細な CG モデルを制作します。

サウンド系

任天堂のサウンド系の仕事では、主にゲームソフトのサウンド制作を担当します。

さまざまな音楽や効果音そのものを作る仕事に加えて、音の鳴らし方を工夫したり、音に関わるアイデア・技術を活用したりしながらゲームプレイの楽しさを高めるための幅広い業務に取り組みます。

制作企画系

ゲームソフトや新しいエンターテイメントの開発において、"遊び"の形や仕組みを考え、技術やビジネスと結びつけて提案し、開発を推進する仕事です。いままでにない楽しさや驚きを提供するために、楽しさの本質やそれを実現するためのアイデアを考え、選択を繰り返しながら磨き続けていきます。そして、アイデアを提案して終わりではなく、プログラマーやデザイナーにアイデアを

正しく理解してもらうために、情報を論理的に整理して仕様書やデータに置き換える仕事をはじめとして、周囲を巻き込みながら具体的な形にしていくための多様な仕事があります。

制作企画系

ゲームソフトや新しいエンターテイメントの開発において、"遊び"の形や仕組みを考え、技術やビジネスと結びつけて提案し、開発を推進する仕事です。いままでにない楽しさや驚きを提供するために、楽しさの本質やそれを実現するためのアイデアを考え、選択を繰り返しながら磨き続けていきます。そして、アイデアを提案して終わりではなく、プログラマーやデザイナーにアイデアを正しく理解してもらうために、情報を論理的に整理して仕様書やデータに置き換える仕事をはじめとして、周囲を巻き込みながら具体的な形にしていくための多様な仕事があります。

事務系

新しい「楽しさ」を実現し、お客様に笑顔を届けるために、任天堂の中にはさまざまな役割があります。その中にある、事務系の代表的な9種類の業務を紹介します。

経理

企業活動の結果や財務状態を示す財務諸表の作成、税金の申告に関する業務のほか、ビジネスのグローバル化が進むなかで経営者の判断に資する分析資料をタイムリーに作成します。さらに、部署横断型のプロジェクトに参画して会計・税務の専門知識に基づく提言を行ったり、開発・製造・営業などのさまざまな部門の方々と連携し、日々の企業活動を支えています。

法務

法令に関する高い専門知識や経験で培われた多面的視点を活かして、会社の事業活動を支援します。社内外の関係者と連携しながら、国内外の取引先様との契約締結、製品やサービスの法規制への適合性調査などを行うほか、株主総会などの組織運営や、社内のコンプライアンス教育など、業務は多岐にわたります。全社の活動が適正適法に運営されることは、任天堂の製品・サービスをご利用いただくお客様をはじめ、株主様や取引先様、社会からの信頼につながっています。

知的財産

任天堂のブランドやイノベーションなどを保護するために、商標・著作権・特許・意匠関連業務、不正品対策業務などの知的財産関連の業務を担当します。各国の法律情報、技術情報、他社動向などにアンテナをはり、知的財産権取得、訴訟・係争対応、不正商品やセキュリティ回避などの不正行為への対処、インターネット上のコピーソフト対策などを行っています。開発部署などの社内関係者や海外子会社、国内外弁護士などと密接に連携しながら業務を遂行し、知的財産の側面からビジネスをサポートします。事務系職種で採用となった場合、商標や著作権はもちろんのこと、業務を通じて技術理解力を高めることで、特許の分野で活躍することも可能です。

人事

評価・処遇・報酬・福利厚生などの人事施策の企画運用や、採用・異動・研修といった人材育成の実施など、任天堂の競争力の源泉である「人材」に関する幅広い業務を担当します。社員が健康でかつ安心して働ける職場環境、また、仕事に対して意欲的に取り組み成長していけるような職場を形成することに努めています。組織および人材へのはたらきかけを通じて、任天堂の総合力を高めることに貢献します。

パブリッシャー支援

任天堂のハードでゲームビジネスを希望される方々のために、ゲームソフトパッケージの製造やデジタル配信を行うビジネスです。生産・配信に留まらず、ソフトの企画・開発・生産・販売まで総合的にソフトメーカー様と一緒に製品を作っていきます。

ソフトメーカー様のビジネスを最大化させるために、海外子会社や社内の開発・営業チームと連携し、ソフト制作のより良い環境作りや技術支援、プロモーション、海外展開の協力も行っています。世界中のお客様の多様なニーズを満たせるように、ソフトメーカー様との協業を通じて、バラエティーに富んだラインナップを増やし、任天堂のビジネス拡大を目指します。

購買・生産管理

任天堂のあらゆる製品の生産を計画し、製品および構成部品の購買を担当しています。任天堂製品を市場に安定供給できるように、部材知識・市場情報を収集分析し、交渉力を活かしながら、世界中の取引先から品質および信頼性の高い製品および部品を、適切な価格で調達する役割を担っています。会社の収益

に直接影響を与える仕事でもあります。生産や部品調達にあたっては、人権保護や地球環境維持への配慮も行っており、開発・営業部門と連携し、国内外の取引先様と協力関係を築きながら、お客様の期待に応える製品づくりに努めています。

通訳コーディネート

ゲームソフトを中心としたさまざまな製品の開発において、社内外（主に海外）の関係者とのやり取りにおける通訳・翻訳業務や、開発の推進をサポートする業務を担当します。

高い語学力を活かした関係者間でのコミュニケーションの仲介や、開発品質やスケジュールの精査・管理に加え、担当する製品の仕様や楽しさの本質を理解したうえで、より良いものにしていくための提案なども行います。

販売戦略・プロモーション

任天堂の商品をより多くのお客様に届けるため、販売計画に基づいた販売戦略を立案し、お客様に商品の魅力を正しくお伝えするためのプロモーションやマーケティング活動を推進します。国内・海外の販売子会社やビジネスパートナーとも連携し、世界中のお客様に商品をお届けすることで、任天堂の商品やサービス、任天堂IP（任天堂がつくるキャラクターやゲームの世界観）に触れていただく機会を創出します。またEコマースや各種サービス運営を通じて、お客様に直接、商品やサービスをお届けする活動にも取り組んでいます。

お客様からの問い合わせにも誠実に対応するとともに、ご意見やご要望、アンケートなどを分析検討し、改善点を社内にフィードバックすることも重要な役割です。

販売管理

グローバルな販売戦略に基づき、日本・米国・欧州・豪州・アジアなどの販売子会社と連携しつつ販売に関わる業務を支援します。商品コンセプトや開発の進行状況を把握したうえで、各国の文化・慣習や市場動向に柔軟に対応しながら、商品の受注・生産手配や、納期管理・輸出など、各国の市場に商品を供給するためのさまざまな業務を推進することで、各市場における販売およびお客様満足の最大化に努めています。

募集職種	■理工系 ゲーム開発、システム開発、ネットワークサービス開発、コーポレートIT、電気電子技術、機構技術、生産技術、知的財産、技術系総合 ■デザイン系 ソフトウェア制作：ステージデザイン、キャラクターデザイン、UI/UXデザイン、エフェクトデザイン、CGスペシャリスト ハードウェア制作：プロダクトデザイン アートワーク制作：グラフィックデザイン、イラストレーション、3DCGモデリング ■サウンド系 作曲・編曲、サウンドデザイン ■制作企画系 ゲームソフト・新しいエンターテインメントのプランニングおよび開発推進 ■事務系 経理、法務、知的財産、人事、パブリッシャー支援、購買・生産管理、通訳コーディネート、販売戦略・プロモーション、販売管理
応募資格	2025年3月末までに高等専門学校、専門学校、短期大学、大学、大学院を卒業見込みの方 いずれの職種も2025年3月末時点で、最終学歴卒業後3年未満の方もご応募いただけます。就労経験の有無は問いません。
募集学部・学科	全学部、全学科
初任給	大学院博士卒：284,000円 大学院修士卒：267,000円 大学卒：256,000円 高専・短大・専門卒：233,000円 ※通勤手当別途支給
賞与・昇給	賞与：年2回（6月・12月）　昇給：年1回（4月）

福利厚生	制度：各種社会保険、住宅支援、退職金、選択型福利厚生制度、財形貯蓄、総合福祉団体定期保険、団体長期障害所得補償保険、慶弔見舞金、各種育児・介護関連制度、リフレッシュ休暇、有給休暇保存制度、パートナーシップ制度　等 その他：保養所（福井県美浜町）、クラブ活動補助　等
勤務地	初期配属は主として京都勤務となります。 配属先によっては、東京勤務となることもあります。
勤務時間	コアタイム10：00～15：00　休憩1時間　（標準となる1日の労働時間7時間45分）
休日・休暇	年間休日数 126日（2023年度） 休日：完全週休2日制（毎週土・日曜日）、祝日 休暇：年次有給休暇、特別休暇、夏季休暇、年末年始休暇

✔ 採用の流れ （出典：東洋経済新報社『就職四季報』）

エントリーの時期	【総】1～3月　【技】12～9月			
採用プロセス	【総】ES提出（1月～）→筆記・面接（2回）→内々定 【技】ES提出（12月～）→筆記・面接（2～3回）→内々定			
採用実績数		大卒男	大卒女	修士男	修士女

	大卒男	大卒女	修士男	修士女
2022年	32 （文：7 理：25）	23 （文：10 理：13）	47 （文：1 理：46）	11 （文：5 理：6）
2023年	38 （文：10 理：28）	24 （文：14 理：10）	46 （文：0 理：46）	11 （文：3 理：8）
2024年	24 （文：9 理：15）	28 （文：14 理：14）	44 （文：2 理：42）	6 （文：1 理：5）

■任天堂、4月から賃上げ　全社員の基本給と初任給10%増（2/7）

　任天堂は7日、2023年4月から全社員の基本給を10%引き上げる方針を明らかにした。正社員のほか嘱託社員やアルバイトも含めて同程度増額する。大卒で23万3000円だった初任給を、23年4月入社から1割増の25万6000円に引き上げる。ゲーム業界では人材の獲得競争が激しくなっており、給与増を通じて優秀な人材の獲得にもつなげたい考え。

　同日開いた決算説明会で古川俊太郎社長が明らかにした。古川社長は「世界規模の物価上昇で、金銭面の負担感が増してきている」と背景を説明。「採用の競争力を強化して、中長期的に会社の総合力を高める」ためにも基本給や初任給の引き上げを行うとした。

　高度化が進むゲーム業界では、専門性の高い人材が取り合いになっている。カプコンは22年に正社員の平均年収を昇給分も含めて平均30%増額させると発表したほか、コーエーテクモホールディングス（HD）は22年春入社から初任給を5万6000円増の29万円としている。

■任天堂の「マリオ」映画、興行収入500億円　公開5日間で（4/10）

　任天堂の人気キャラクター「マリオ」を題材とした映画「ザ・スーパーマリオブラザーズ・ムービー」が米国などで5日公開され、封切りから最初の5日間の興行収入が、世界で3億7800万ドル（約500億円）となったことが、分かった。米映画情報サイトのボックス・オフィス・モジョが明らかにした。北米での興行収入は2億ドルで、複数の米メディアは2023年に公開された映画のなかで最高と報じている。

　映画は、任天堂と「ミニオンズ」などを手掛けた米イルミネーションが共同製作した。任天堂がマリオを題材としたCGアニメ映画を製作するのは初めて。マリオの生みの親として知られる、任天堂の宮本茂フェローが共同プロデューサーを務めることでも話題になっていた。

■任天堂、Switch使った高齢者向けイベント　学研系と連携（11/1）

　任天堂は1日、主力ゲーム機「ニンテンドースイッチ」を活用した高齢者向け

のイベントを企画していくと発表した。学研ホールディングス傘下の学研ココファン（東京・品川）と連携し、同社が運営するサービス付き高齢者向け住宅のうち約200施設にスイッチを提供する。「脳トレ」や体を動かすゲームで遊んでもらうイベントを定期的に開き、認知症の予防や運動不足の解消に役立ててもらう。

任天堂は2月から学研ココファンの一部施設で同様のイベントを試験的に実施してきた。高齢者から好意的な反応を得られたことから規模の拡大を決めた。任天堂は「これまでよりも幅広い年齢の方にスイッチや当社のソフトを身近に感じてもらいたい」と説明している。

■任天堂「ゼルダの伝説」実写映画化　ソニー系と共同出資（11/8）

任天堂は8日、人気ゲーム「ゼルダの伝説」を実写映画化すると発表した。ゼルダや「マリオ」の生みの親として知られる任天堂の宮本茂フェローと、米マーベル・スタジオ創設者のアビ・アラッド氏がプロデューサーを務める。米ソニー・ピクチャーズエンタテインメントと共同出資し、任天堂が過半を出資する。任天堂が出資して実写映画を製作するのは初めて。

公開時期は未定。任天堂とアラッド氏が代表を務める米アラッドプロダクションが共同製作し、世界配給はソニーピクチャーズが担当する。

ゼルダの伝説は1986年から続く人気ロールプレイングゲームシリーズ。2023年5月発売の最新作「ティアーズ　オブ　ザ　キングダム」は9月末までに1950万本を販売する世界的ヒットになっている。

宮本氏は任天堂が8日開いた経営方針説明会に出席し、「アラッド氏と10年ほど話し合いを続けてきた」と説明した。その上で「納得できるものができた時に発表する。時間はかかるが、楽しみに待っていてほしい」と語った。

任天堂の宮本フェローは8日の経営方針説明会で「楽しみに待っていてほしい」と語った
ゲームと親和性のあるアニメではなく実写化を選んだことについては「期待を裏切らないものにするのは大変なハードルだと覚悟している」との認識を示した。「家族みんなで任天堂（の映画）を見に行こう、という流れを毎年起こせれば」とも語り、別の映画の製作にも含みを持たせた。

任天堂は「ミニオンズ」シリーズで知られる米イルミネーションと「スーパーマリオ」を題材とした3DCG映画を製作し、4月に公開。世界興行収入は13億ドル（約2000億円）を超えた。マリオやゼルダ以外に「ピクミン」や「ドンキーコング」などの人気キャラクターを抱え、知的財産（IP）を活用した映像ビジネスを重視している。

✔ 就活生情報

入社してから自分の強みをどんなところに活かして任天堂のどのような点を変えたいのかをしっかり自分なりの言葉で表現する必要があると感じました。

職種不明 2023卒

エントリーシート
・形式：採用ホームページから記入
・内容：学業で特に力を入れた分野や研究内容などについて

セミナー
・選考とは無関係
・服装： 全くの普段着

筆記試験
・形式：Webテスト
・科目：玉手箱

面接（個人・集団）
・雰囲気：和やか
・回数：2回
・質問内容：学生時代に頑張ってきたこと，長所，短所，研究内容（事業との関連），入社してやりたいこと

企業研究
・YouTubeや会社のHPを見ながら理解することに努めた

内定
・通知方法：電話

▶ その他受験者からのアドバイス
・面接回数が短かったので負担が少なかった
・特別鋭い質問が来たわけではなかったのでどのような点を見られていたのかが気になる

いろんな業界の人と関われる機会は，今後の人生においてもなかなかないと思います。頑張って下さい。

事務系 2023卒

エントリーシート

- 形式：採用ホームページから記入
- 内容：例年通りです。自己の幼いころから書いていく形式でした。自己分析に非常に役立ちました。この会社以外の企業を受ける際にも応用ができました。

セミナー

- 選考とは無関係
- 服装：リクルートスーツ

筆記試験

- 形式：Webテスト
- 科目：SPI（数学，算数／国語，漢字／性格テスト）

面接（個人・集団）

- 雰囲気：和やか
- 回数：2回
- 質問内容：エントリーシートの深堀りです。特に変わった質問はないので，変に構えずリラックスして臨むとよいと思います。エントリーシートに嘘を書いてしまうとぼろが出ると思うのでやめましょう。

内定

- 拘束や指示：不特定多数に内定がでたことを言わないこと。
- 通知方法：電話
- タイミング：予定より早い

▶ その他受験者からのアドバイス

- 対応がすべて丁寧。
- 面接も能力的なことより人間性を見ていてくれていると感じた。

✔ 有価証券報告書の読み方

01 部分的に読み解くことからスタートしよう

「有価証券報告書（以下，有報）」という名前を聞いたことがある人も少なくはないだろう。しかし，実際に中身を見たことがある人は決して多くはないのではないだろうか。有報とは上場企業が年に1度作成する，企業内容に関する開示資料のことをいう。開示項目には決算情報や事業内容について，従業員の状況等について記載されており，誰でも自由に見ることができる。

一般的に有報は，証券会社や銀行の職員，または投資家などがこれを読み込み，その後の戦略を立てるのに活用しているイメージだろう。その認識は間違いではないが，だからといって就活に役に立たないというわけではない。就活を有利に進める上で，お得な情報がふんだんに含まれているのだ。ではどの部分が役に立つのか，実際に解説していく。

■有価証券報告書の開示内容

では実際に，有報の開示内容を見てみよう。

有価証券報告書の開示内容
第一部【企業情報】
第1　【企業の概況】
第2　【事業の状況】
第3　【設備の状況】
第4　【提出会社の状況】
第5　【経理の状況】
第6　【提出会社の株式事務の概要】
第7　【提出会社の状参考情報】
第二部【提出会社の保証会社等の情報】
第1　【保証会社情報】
第2　【保証会社以外の会社の情報】
第3　【指数等の情報】

有報は記載項目が統一されているため，どの会社に関しても同じ内容で書かれている。このうち就活において必要な情報が記載されているのは，第一部の第1【企業の概況】〜第5【経理の状況】まで，それ以降は無視してしまってかまわない。

02　企業の概況の注目ポイント

　第1【企業の概況】には役立つ情報が満載。そんな中，最初に注目したいのは，冒頭に記載されている【主要な経営指標等の推移】の表だ。

回次		第25期	第26期	第27期	第28期	第29期
決算年月		平成24年3月	平成25年3月	平成26年3月	平成27年3月	平成28年3月
営業収益	（百万円）	2,532,173	2,671,822	2,702,916	2,756,165	2,867,199
経常利益	（百万円）	272,182	317,487	332,518	361,977	428,902
親会社株主に帰属する当期純利益	（百万円）	108,737	175,384	199,939	180,397	245,309
包括利益	（百万円）	109,304	197,739	214,632	229,292	217,419
純資産額	（百万円）	1,890,633	2,048,192	2,199,357	2,304,976	2,462,537
総資産額	（百万円）	7,060,409	7,223,204	7,428,303	7,605,690	7,789,762
1株当たり純資産額	（円）	4,738.51	5,135.76	5,529.40	5,818.19	6,232.40
1株当たり当期純利益	（円）	274.89	443.70	506.77	458.95	625.82
潜在株式調整後1株当たり当期純利益	（円）	—	—	—	—	—
自己資本比率	（％）	26.5	28.1	29.4	30.1	31.4
自己資本利益率	（％）	5.9	9.0	9.5	8.1	10.4
株価収益率	（倍）	19.0	17.4	15.0	21.0	15.5
営業活動によるキャッシュ・フロー	（百万円）	558,650	588,529	562,763	622,762	673,109
投資活動によるキャッシュ・フロー	（百万円）	△370,684	△465,951	△474,697	△476,844	△499,575
財務活動によるキャッシュ・フロー	（百万円）	△152,428	△101,151	△91,367	△86,636	△110,265
現金及び現金同等物の期末残高	（百万円）	167,525	189,262	186,057	245,170	307,809
従業員数[ほか，臨時従業員数]	（人）	71,729[27,746]	73,017[27,312]	73,551[27,736]	73,329[27,313]	73,053[26,147]

　見慣れない単語が続くが，そう難しく考える必要はない。特に注意してほしいのが，**営業収益**，**経常利益**の二つ。営業収益とはいわゆる**総売上額**のことであり，これが企業の本業を指す。その営業収益から営業費用（営業費（販売費＋一般管理費）＋売上原価）を差し引いたものが**営業利益**となる。会社の業種はなんであれ，モノを顧客に販売した合計値が営業収益であり，その営業収益から人件費や家賃，広告宣伝費などを差し引いたものが営業利益と覚えておこう。対して経常利益は営業利益から本業以外の損益を差し引いたもの。いわゆる金利による収益や不動産収入などがこれにあたり，本業以外でその会社がどの程度の力をもっているかをはかる絶好の指標となる。

■会社のアウトラインを知れる情報が続く。

　この主要な経営指標の推移の表につづいて、「会社の沿革」、「事業の内容」、「関係会社の状況」「従業員の状況」などが記載されている。自分が試験を受ける企業のことを、より深く知っておくにこしたことはない。会社がどのように発展してきたのか、主としている事業はどのようなものがあるのか、従業員数や平均年齢はどれくらいなのか、志望動機などを作成する際に役立ててほしい。

03 事業の状況の注目ポイント

　第2となる【事業の状況】において、最重要となるのは**業績等の概要**といえる。ここでは1年間における収益の増減の理由が文章で記載されている。「○○という商品が好調に推移したため、売上高は△△になりました」といった情報が、比較的易しい文章で書かれている。もちろん、損失が出た場合に関しても包み隠さず記載してあるので、その会社の1年間の動向を知るための格好の資料となる。

　また、業績については各事業ごとに細かく別れて記載してある。例えば鉄道会社ならば、①運輸業、②駅スペース活用事業、③ショッピング・オフィス事業、④その他といった具合だ。**どのサービス・商品がどの程度の売上を出したのか**、会社の持つ展望として、今後**どの事業をより活性化**していくつもりなのか、などを意識しながら読み進めるとよいだろう。

■「対処すべき課題」と「事業等のリスク」

　業績等の概要と同様に重要となるのが、「**対処すべき課題**」と「**事業等のリスク**」の2項目といえる。ここで読み解きたいのは、その会社の**今後の伸びしろ**について。いま、会社はどのような状況にあって、どのような課題を抱えているのか。また、その課題に対して取られている対策の具体的な内容などから経営方針などを読み解くことができる。リスクに関しては法改正や安全面、他の企業の参入状況など、会社にとって決してプラスとは言えない情報もつつみ隠さず記載してある。客観的にその会社を再評価する意味でも、ぜひ目を通していただきたい。

　次代を担う就活生にとって、ここの情報はアピールポイントとして組み立てやすい。「新事業の○○の発展に際して……」、「御社が抱える●●というリスクに対して……」などという発言を面接時にできれば、面接官の心証も変わってくるはずだ。

最後に注目したいのが，第5【経理の状況】だ。ここでは，簡単にいえば【主要な経営指標等の推移】の表をより細分化した表が多く記載されている。ここの情報をすべて理解するのは，簿記の知識がないと難しい。しかし，そういった知識があまりなくても，読み解ける情報は数多くある。例えば**損益計算書**などがそれに当たる。

連結損益計算書

(単位：百万円)

	前連結会計年度 (自 平成26年4月1日 至 平成27年3月31日)	当連結会計年度 (自 平成27年4月1日 至 平成28年3月31日)
営業収益	2,756,165	2,867,199
営業費		
運輸業等営業費及び売上原価	1,806,181	1,841,025
販売費及び一般管理費	※1 522,462	※1 538,352
営業費合計	2,328,643	2,379,378
営業利益	427,521	487,821
営業外収益		
受取利息	152	214
受取配当金	3,602	3,703
物品売却益	1,438	998
受取保険金及び配当金	8,203	10,067
持分法による投資利益	3,134	2,565
雑収入	4,326	4,067
営業外収益合計	20,858	21,616
営業外費用		
支払利息	81,961	76,332
物品売却損	350	294
雑支出	4,090	3,908
営業外費用合計	86,403	80,535
経常利益	361,977	428,902
特別利益		
固定資産売却益	※4 1,211	※4 838
工事負担金等受入額	※5 59,205	※5 24,487
投資有価証券売却益	1,269	4,473
その他	5,016	6,921
特別利益合計	66,703	36,721
特別損失		
固定資産売却損	※6 2,088	※6 1,102
固定資産除却損	※7 3,957	※7 5,105
工事負担金等圧縮額	54,253	18,346
減損損失	※9 12,738	※9 12,297
耐震補強重点対策関連費用	8,906	10,288
災害損失引当金繰入額	1,306	25,085
その他	30,128	8,537
特別損失合計	113,379	80,763
税金等調整前当期純利益	315,300	384,860
法人税、住民税及び事業税	107,540	128,972
法人税等調整額	26,202	9,326
法人税等合計	133,742	138,298
当期純利益	181,558	246,561
非支配株主に帰属する当期純利益	1,160	1,251
親会社株主に帰属する当期純利益	180,397	245,309

　主要な経営指標等の推移で記載されていた**経常利益**の算出する上で必要な営業外収益などについて，詳細に記載されているので，一度目を通しておこう。
　いよいよ次ページからは実際の有報が記載されている。ここで得た情報をもとに有報を確実に読み解き，就職活動を有利に進めよう。

✔ 有価証券報告書

※抜粋

■ 企業の概況

1 主要な経営指標等の推移

（1） 連結経営指標等 ···

回次		第79期	第80期	第81期	第82期	第83期
決算年月		2019年3月	2020年3月	2021年3月	2022年3月	2023年3月
売上高	（百万円）	1,200,560	1,308,519	1,758,910	1,695,344	1,601,677
経常利益	（百万円）	277,355	360,461	678,996	670,813	601,070
親会社株主に帰属する当期純利益	（百万円）	194,009	258,641	480,376	477,691	432,768
包括利益	（百万円）	200,341	236,490	527,951	530,498	486,661
純資産額	（百万円）	1,414,798	1,540,900	1,874,614	2,069,310	2,266,466
総資産額	（百万円）	1,690,304	1,934,087	2,446,918	2,662,384	2,854,284
1株当たり純資産額	（円）	1,183.39	1,293.35	1,573.48	1,763.56	1,946.55
1株当たり当期純利益	（円）	161.55	217.12	403.26	404.67	371.41
潜在株式調整後1株当たり当期純利益	（円）	—	—	—	—	—
自己資本比率	（％）	83.40	79.66	76.60	77.71	79.40
自己資本利益率	（％）	14.22	17.53	28.13	24.23	19.96
株価収益率	（倍）	19.54	19.16	15.33	15.24	13.82
営業活動によるキャッシュ・フロー	（百万円）	170,529	347,753	612,106	289,661	322,843
投資活動によるキャッシュ・フロー	（百万円）	45,353	△188,433	△136,533	93,699	111,507
財務活動によるキャッシュ・フロー	（百万円）	△109,037	△111,031	△194,938	△337,010	△290,973
現金及び現金同等物の期末残高	（百万円）	585,378	621,402	932,079	1,022,718	1,194,569
従業員数	（人）	5,944	6,200	6,574	6,717	7,317

（注） 1 「収益認識に関する会計基準」（企業会計基準第29号 2020年3月31日）等を第82期の期首から適用しており，第82期以降に係る主要な経営指標等については，当該会計基準等を適用した後の指標等になります。

2 「潜在株式調整後1株当たり当期純利益」については，潜在株式が存在しないため記載していません。

3 2022年10月1日を効力発生日として，普通株式1株につき10株の割合で株式分割を行いました。第

---

point 主要な経営指標等の推移

数年分の経営指標の推移がコンパクトにまとめられている。見るべき箇所は連結の売上，利益，株主資本比率の3つ。売上と利益は順調に右肩上がりに伸びているか，逆に利益で赤字が続いていたりしないかをチェックする。株主資本比率が高いとリーマンショックなど景気が悪化したときなどでも経営が傾かないという安心感がある。

79期の期首に当該株式分割が行われたと仮定して，1株当たり純資産額，1株当たり当期純利益を算定しています。

（2） 提出会社の経営指標等

回次		第79期	第80期	第81期	第82期	第83期
決算年月		2019年3月	2020年3月	2021年3月	2022年3月	2023年3月
売上高	（百万円）	1,002,508	1,076,852	1,468,563	1,437,831	1,409,503
経常利益	（百万円）	236,510	296,204	573,057	629,958	630,172
当期純利益	（百万円）	163,619	210,842	403,339	462,509	484,634
資本金	（百万円）	10,065	10,065	10,065	10,065	10,065
発行済株式総数	（千株）	131,669	131,669	131,669	129,869	1,298,690
純資産額	（百万円）	955,638	1,051,147	1,281,948	1,410,447	1,603,815
総資産額	（百万円）	1,189,800	1,367,766	1,765,683	1,857,584	2,000,964
1株当たり純資産額	（円）	802.22	882.40	1,076.16	1,202.20	1,377.58
1株当たり配当額 （内，1株当たり中間配当額）	（円）	810.00 (170.00)	1,090.00 (270.00)	2,220.00 (810.00)	2,030.00 (620.00)	753.00 (630.00)
1株当たり当期純利益	（円）	136.25	176.99	338.59	391.81	415.92
潜在株式調整後 1株当たり当期純利益	（円）	－	－	－	－	－
自己資本比率	（％）	80.32	76.85	72.60	75.93	80.15
自己資本利益率	（％）	17.64	21.01	34.34	34.36	32.16
株価収益率	（倍）	23.16	23.51	18.26	15.74	12.34
配当性向	（％）	59.45	61.58	65.57	51.81	44.72
従業員数	（人）	2,286	2,395	2,498	2,634	2,779
株主総利回り （比較指標：配当込みTOPIX）	（％） （％）	69.1 (95.0)	92.9 (85.9)	140.7 (122.1)	144.7 (124.6)	126.6 (131.8)
最高株価	（円）	47,950	47,000	69,830	69,100	6,283 (65,640)
最低株価	（円）	27,055	31,580	41,110	47,890	4,996 (55,320)

（注） 1 「収益認識に関する会計基準」（企業会計基準第29号2020年3月31日）等を第82期の期首から適用しており，第82期以降に係る主要な経営指標等については，当該会計基準等を適用した後の指標等になります。

2 「潜在株式調整後1株当たり当期純利益」については，潜在株式が存在しないため記載していません。

3 2022年10月1日を効力発生日として，普通株式1株につき10株の割合で株式分割を行いました。第79期の期首に当該株式分割が行われたと仮定して，1株当たり純資産額，1株当たり当期純利益を算定しています。また，第83期の1株当たり配当額は中間配当額を株式分割前の630円，期末配当

額を株式分割後の123円とし，年間配当額は単純合計額である753円として記載しています。なお，第83期の1株当たり配当額について，当該株式分割が第83期の期首に行われたと仮定した場合，中間配当額は63円となり，期末配当額123円を加え，年間配当額は186円となります。

4　最高株価及び最低株価は，2022年4月3日以前は東京証券取引所市場第一部におけるものであり，2022年4月4日以降は東京証券取引所プライム市場におけるものです。

5　2022年10月1日を効力発生日として，普通株式1株につき10株の割合で株式分割を行いました。第83期の株価については，株式分割による権利落ち後の最高株価及び最低株価を記載し，（　）内に株式分割による権利落ち前の最高株価及び最低株価を記載しています。

2　沿革

年月	沿革
1947年11月	・かるた・トランプ類の製造・販売会社として京都市東山区今熊野東瓦町に，株式会社丸福として発足。
1949年9月	・丸福かるた販売株式会社に社名変更。
1950年3月	・任天堂かるた株式会社に社名変更するとともに，合名会社山内任天堂（現 株式会社山内）より大統領印等のかるたの製造業務を継承。
1951年7月	・任天堂骨牌株式会社に社名変更。
1959年9月	・本社を京都市東山区福稲上高松町60番地に移転。
1961年9月	・東京都に東京支店を設置。
1962年1月	・大阪証券取引所市場第二部及び京都証券取引所に株式を上場。
1963年10月	・任天堂株式会社（現商号）に社名変更。
1970年7月	・大阪証券取引所市場第一部に指定。
1980年4月	・アメリカ，ニューヨーク州に現地法人 Nintendo of AmericaInc. を設立。
1982年2月	・アメリカ，ワシントン州に新たに現地法人 Nintendo of AmericaInc.（現 連結子会社）を設立し，既存のニューヨーク州法人を吸収合併。
1983年7月	・東京証券取引所市場第一部に株式を上場。
1983年11月	・京都府宇治市槇島町に新工場（現 宇治工場）を設置。
1990年2月	・ドイツに現地法人 Nintendo of EuropeGmbH（現 連結子会社）を設立。
1993年2月	・フランスに現地法人 Nintendo FranceS.A.R.L.（現 連結子会社）を設立。
2000年11月	・本社を京都市南区上鳥羽鉾立町11番地1（現在地）に移転。
2006年7月	・韓国に現地法人韓国任天堂株式会社（現 連結子会社）を設立。
2016年6月	・監査等委員会設置会社へ移行。
2017年4月	・ジェスネット株式会社の株式を取得し，同社の商号を任天堂販売株式会社（現 連結子会社）に変更。

2022年4月	・東京証券取引所の市場区分の見直しにより，市場第一部からプライム市場へ移行。

3　事業の内容

　当社及び当社の関係会社（当社，子会社29社及び関連会社5社［2023年3月31日現在］により構成）においては，ホームエンターテインメントの分野で娯楽製品の開発，製造及び販売等を事業としています。主な製品は，コンピューターを利用した娯楽機器である「ゲーム専用機」とトランプ・かるた等に分類されます。「ゲーム専用機」とは，携帯ゲームやホームコンソールゲームのハードウェア及びソフトウェアであり，当社及び関係会社が開発し，当社において製造し，主に関係会社が国内外で販売しています。

　当社及び主な関係会社の位置付けは次のとおりです。なお，単一セグメントのため，セグメント情報に関連付けた記載を行っていません。

［開発］..

任天堂株式会社，NintendoTechnology Development Inc.,
Nintendo SoftwareTechnology Corporation,　Retro Studios, Inc.,　Next Level Games Inc.,　Nintendo European Researchand Development SAS,
神游科技有限公司，エヌディーキューブ株式会社，1－UPスタジオ株式会社，株式会社モノリスソフト，マリオクラブ株式会社，株式会社SRD，ニンテンドーピクチャーズ株式会社

［製造］..

任天堂株式会社

［販売］..

任天堂株式会社，Nintendo of AmericaInc.,　Nintendo of Canada Ltd.,
Nintendo of Europe GmbH, Nintendo France S.A.R.L., Nintendo Benelux B.V.,
Nintendo Iberica, S.A.,　Nintendo RU LLC.,　Nintendo Australia Pty Limited,
韓国任天堂株式会社，任天堂（香港）有限公司，任天堂販売株式会社

(point) 沿革

　どのように創業したかという経緯から現在までの会社の歴史を年表で知ることができる。過去に行った重要なM＆Aなどがいつ行われたのか，ブランド名はいつから使われているのか，いつ頃から海外進出を始めたのか，など確認することができて便利だ。

（事業系統図）

　前述の事項を事業系統図によって示すと次のとおりです。

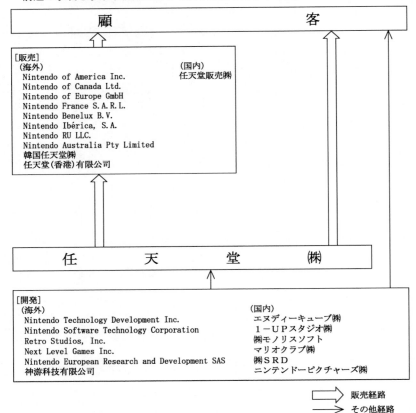

4 関係会社の状況

（1） 連結子会社 ··

名称	住所	資本金又は出資金	主要な事業の内容	議決権の所有割合(%)	役員の兼任等 当社役員(人)	役員の兼任等 当社従業員(人)	資金援助	営業上の取引	設備の賃貸借
Nintendo of America Inc. ※1,2	アメリカ	110,000 千US$	販売	100	－	1	－	当社製品の購入	－
Nintendo of Canada Ltd.	カナダ	4,000 千Can$	販売	100 (100)	－	－	－	Nintendo of America Inc. から当社製品の購入	－
Nintendo of Europe GmbH ※1,2	ドイツ	30,000 千EUR	販売	100	－	1	－	当社製品の購入	－
Nintendo France S.A.R.L. ※1	フランス	10,000 千EUR	販売	100	－	－	－	Nintendo of Europe GmbH から当社製品の購入	－
Nintendo Benelux B.V.	オランダ	6,800 千EUR	販売	100	－	－	－	Nintendo of Europe GmbH から当社製品の購入	－
Nintendo Iberica, S.A.	スペイン	3,000 千EUR	販売	100 (100)	－	－	－	Nintendo of Europe GmbH から当社製品の購入	－
Nintendo RU LLC.	ロシア	104 百万RUB	販売	100 (100)	－	－	－	Nintendo of Europe GmbH から当社製品の購入	－
Nintendo Australia Pty Limited	オーストラリア	8,500 千A$	販売	100	－	1	－	当社製品の購入	－
韓国任天堂㈱ ※1	韓国	25,000 百万KRW	販売	100	－	4	－	当社製品の購入	－
任天堂（香港）有限公司	中国	49,300 千HK$	販売	100	－	3	－	当社製品の購入及び当社製品生産用部材調達代行の受託	－
Nintendo Technology Development Inc.	アメリカ	1 US$	開発	100	1	1	－	ハードウェアのOS等の受託開発	－
Nintendo Software Technology Corporation	アメリカ	20 千US$	開発	100	1	1	－	ソフトウェアの受託開発	－
Retro Studios, Inc. ※1	アメリカ	10,001 千US$	開発	100	1	－	－	ソフトウェアの受託開発	－
Next Level Games Inc.	カナダ	11 千Can$	開発	100	1	－	－	ソフトウェアの受託開発	－
Nintendo European Research and Development SAS	フランス	300 千EUR	開発	100 (100)	－	1	－	ソフトウェアの受託開発	－
神游科技有限公司 ※1	中国	254 百万人民元	開発	100	－	－	－	ソフトウェアの受託開発	－
任天堂販売㈱ ※1,2	東京都千代田区	300 百万円	販売	100	－	6	－	当社製品の購入	当社所有の建物等を賃借
エヌディーキューブ㈱	東京都中央区	483 百万円	開発	99	－	2	－	ソフトウェアの受託開発	－
１－ＵＰスタジオ㈱	東京都千代田区	90 百万円	開発	100	－	3	－	ソフトウェアの受託開発	当社所有の建物等を賃借
㈱モノリスソフト	東京都目黒区	75 百万円	開発	97	－	3	－	ソフトウェアの受託開発	－
マリオクラブ㈱	京都市東山区	450 百万円	開発	100	－	4	－	ソフトウェア等の検査の受託	当社所有の建物を賃借
㈱ＳＲＤ	京都市下京区	50 百万円	開発	100	－	2	－	ソフトウェアの受託開発	－
ニンテンドーピクチャーズ㈱	東京都千代田区	34 百万円	開発	100	－	3	－	映像コンテンツの企画・制作の受託	－

(point) **事業の内容**

　　会社の事業がどのようにセグメント分けされているか，そして各セグメントではどのようなビジネスを行っているかなどの説明がある。また最後に事業の系統図が載せてあり，本社，取引先，国内外子会社の製品・サービスや部品の流れが分かる。ただセグメントが多いコングロマリットをすぐに理解するのは簡単ではない。

（注）1　上記のほか，連結子会社が5社あります。

2　議決権の所有割合の（　）内は間接所有割合で内書きで記載しています。

3　※1　特定子会社に該当しています。

4　※2　連結売上高に占める当該連結子会社の売上高（連結会社相互間の内部売上高を除く）の割合が100分の10を超えています。主要な損益情報等は次のとおりです。

名称	売上高 （百万円）	経常利益 （百万円）	当期純利益 （百万円）	純資産額 （百万円）	総資産額 （百万円）
Nintendo of America Inc.	639,202	50,554	39,068	396,319	665,229
Nintendo of Europe GmbH	360,039	6,034	4,145	72,567	244,887
任天堂販売㈱	236,134	12,511	8,682	53,991	94,660

（2）　持分法適用関連会社

名称	住所	資本金又は出資金	主要な事業の内容	議決権の所有割合（％）	関係内容				
					役員の兼任等		資金援助	営業上の取引	設備の賃貸借
					当社役員（人）	当社従業員（人）			
㈱ポケモン	東京都港区	365百万円	ポケモン関連商品の販売及びライセンス	32	1	—	—	当社製品の購入及び製品の製造委託	—
㈱ワープスター	東京都千代田区	10百万円	アニメーション制作及び知的財産権の管理	50	—	3	—	商品化権管理の受託	—
PUX㈱	大阪府大阪市	45百万円	ソフトウェアエンジンの開発及びライセンス事業	27	—	1	—	ソフトウェアの受託開発	—

（注）　上記のほか，持分法適用関連会社が1社あります。

5 従業員の状況

　当社グループ（当社及び連結子会社）は単一セグメントのため，セグメント情報に関連付けた記載を行っていません。

(1) 連結会社の状況 ···

2023年3月31日現在

従業員数(人)	
	7,317

（注）　従業員数は就業人員数であり，当社グループからグループ外部への出向者を除き，グループ外部から当社グループへの出向者を含みます。また，常用パートタイマーを含みます。

(2) 提出会社の状況 ···

2023年3月31日現在

従業員数(人)	平均年齢(歳)	平均勤続年数(年)	平均年間給与(円)
2,779	39.9	14.3	9,856,646

（注）1　従業員数は就業人員数であり，当社から社外への出向者を除き，社外から当社への出向者を含みます。

　　　2　平均年間給与は2023年3月期の税込支給額で，基準外賃金及び賞与を含んでいます。

(3) 労働組合の状況 ···

　当社に労働組合はありませんが，一部連結子会社に労働組合が結成されています。なお，労使関係は円満に推移しており，特記すべき事項はありません。

(point) 関係会社の状況

　主に子会社のリストであり，事業内容や親会社との関係についての説明がされている。特に製造業の場合などは子会社の数が多く，すべてを把握することは難しいが，重要な役割を担っている子会社も多くある。有報の他の項目では一度も触れられていない場合が多いので，気になる会社については個別に調べておくことが望ましい。

■ 事業の状況

■ 1　経営方針，経営環境及び対処すべき課題等

　文中における将来に関する事項は，当連結会計年度末現在において当社グループ（当社及び連結子会社）が判断したものです。

（1）　会社の経営の基本方針

　当社グループは，「娯楽を通じて人々を笑顔にする会社」として，健全な企業経営を維持しつつ新しい娯楽の創造を目指しています。事業の展開においては，世界中のお客様へ，かつて経験したことのない楽しさ，面白さを持った娯楽を提供することを最も重視しています。

（2）　目標とする経営指標

　当社グループは，常に新しい楽しさと面白さを持った商品やサービスの提供を追求し，継続性のある健全な成長と利益の増加による企業価値の向上を目指しています。また，取扱商品・コンテンツは娯楽品であり，その特性から研究開発に不確定要素が多く，さらには競争の激しい業界であることから，柔軟な経営判断を行えるように特定の経営指標を目標として定めていません。

（3）　経営環境並びに中長期的な経営戦略及び優先的に対処すべき事業上及び財務上の課題

　当社グループを取り巻く市場環境においては，世界中の人々の娯楽に対するニーズが高まる中で，技術の進歩とともに娯楽の多様化が進むだけでなく，ゲーム産業への参入企業が増加してきており，競争が一段と厳しさを増しています。

　このような環境変化の中で，当社グループは，「娯楽を通じて人々を笑顔にする会社」として，どなたにでも直感的に楽しんでいただける「任天堂独自の遊び」を提供することを目指しています。この独自の娯楽体験を実現するために，ハード・ソフト一体型のゲーム専用機ビジネスを経営の中核に置き，どのような娯楽でも「いつかは必ず飽きられてしまう」という考えのもと，世界中のすべての人々に向けて独創的な商品やサービスの提案を続けていきます。

そして，この中核のビジネスを持続的に成長させるために，「任天堂 IP に触れる人口の拡大」を基本戦略として掲げ，世界中に広く普及するスマートデバイスをはじめ，映像コンテンツやテーマパーク，キャラクターグッズなど，ゲーム専用機以外の分野でもお客様と任天堂 IP との接点を広げることによって，より多くのお客様にゲーム体験にも興味を持っていただくきっかけを作ります。

　また，ニンテンドーアカウントを通じて，「ハード・ソフト一体型の遊び」を中心としたさまざまな娯楽体験がプラットフォームの世代を超えてつながる仕組みを構築し，お客様一人ひとりとの接点を強化し，長期的な関係を築くことに取り組んでいきます。

　任天堂はこれからも「娯楽は他と違うからこそ価値がある」という「独創」の精神を大切にし，時代に合わせて自らを柔軟に変化させながら，当社の強みを活かしたユニークな娯楽を提案することによって持続的成長と企業価値の向上に努めていきます。

2　サステナビリティに関する考え方及び取組

　当社グループ（当社及び連結子会社）は「任天堂に関わるすべての人を笑顔にする」ことを目標に，グループ全体で連携しながら，サステナビリティを巡る課題へ取り組んでいます。その一環として CSR 活動の推進に努めており，当社グループでは「お客様」「サプライチェーン」「社員」「環境」の4つを重点項目としています。この取り組みの中には製品の品質向上と安全の確保，お子様に安心して遊んでいただくための環境の整備，取引先の皆様とのコミュニケーションを通じた CSR 調達，社員のさまざまな能力発揮を可能にする職場環境づくり，製品や事業活動における環境負荷の低減などが含まれます。

　なお，文中の将来に関する事項は，当連結会計年度末現在において当社グループが判断したものです。

（1）　ガバナンス ··

　CSR 活動の推進のため，執行役員である総務本部長を事務局長とする CSR 推進プロジェクト事務局を設置し，当該事務局が経営会議（代表取締役及び役付執行役員を兼任する取締役で構成）に活動状況を報告の上，具体的な取り組みを実

施又はサポートする体制としています。また，当該事務局はその活動状況を定期的に取締役会にも報告しています。

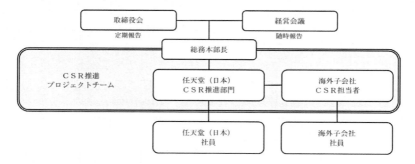

(2) 戦略

各重点項目に係る取り組みは，以下のとおりです。

① お客様

幅広い年齢層のお客様に安心して楽しんでいただける高品質な商品を提供することを目指し，製品の安全性と信頼性を追求しています。

製品の安全性を確保するための体制として，「製品安全委員会」を設け，製品安全方針・品質方針の周知徹底を図るとともに，開発から生産，販売，アフターサービスに至るあらゆる段階で安全性を確保するための仕組みを構築し，その効果的な運営・維持・改善に取り組んでいます。また，お客様に安心して遊んでいただけるよう，ゲームソフトやサービスにおいて，安全性に配慮したゲームソフト開発や不適切なコンテンツの排除，保護者による使用制限機能の周知と利用促進の取り組みを行っています。

② サプライチェーン

国内外の多くの生産パートナーとともにサプライチェーン全体で製品の品質や技術力の向上，安全性の確保，生産効率の追求などを行っています。

また，法令・社会規範を遵守し，人権・地域社会に配慮した生産活動を行い，取引先との信頼関係を構築して企業の社会的責任を果たすために，購買基本方針・取引先の選定方針を定めています。具体的には，取引先に対しても当社グルー

プの方針への理解・協力を求めることとし，労働者の人権尊重，労働安全衛生，不適切な原材料の不使用について具体的な方針を示した「任天堂CSR調達ガイドライン」を周知しています。

③　**社員**

人材の多様性の確保を含む人材の育成や社内環境整備に関して以下の方針で取り組んでいます。

（イ）　人材の多様性の確保を含む人材の育成に関する方針

当社グループは娯楽を通じて人々を笑顔にするために，世界中のお客様に，他とは違う任天堂独自の遊びを提案し続けていきます。

そのために最も大切な経営資源は人材であり，個々の能力を高めて会社の総合力を向上させ，同時に社員一人ひとりの働きがいを高めていくことを人事の重要な考え方としています。任天堂の競争力となっている，これまで大切に受け継いできた価値観である「任天堂DNA」（独創性・柔軟性・誠実さ）を，任天堂の強みとして，これからも大切にしていきます。

また，お客様の趣味・嗜好の多様化が進む娯楽の世界にあって，多様な人材の活用は，会社の総合力を高めるために欠かすことができません。任天堂は，性別，年齢，国籍，障がいの有無，性的指向，性自認などに関係なく人材の採用と登用を進めています。また，仕事上の経験から多くを学ぶことができるという考えの下，個人の知識やスキルの専門性を高めることはもちろん，人と人が協働することで生み出される仕事経験を積み重ねていくことで，「主体的に当事者として行動する」「柔軟に変化に対応しながら挑戦し続ける」「周囲の人たちに理解と共感を得ることができる」人材を育成していきます。

（ロ）　社内環境整備方針

これまでにない面白いものを作り上げていくには，社員がお互いに向き合ってアイデアや意見を出し合いながら議論したり，タイムリーにアドバイスをもらえたりするような社内の環境が何よりも大切だと考えています。一人ひとりの強みを掛け合わせ，人とのつながりを大切にした密接なチームワークを行うことができるように社内のコミュニケーションを促進し，連携を深めていきます。

また，女性社員が十分に能力発揮できる環境を整えていく重要性を認識し，子育てをともに支える男性社員も含めて，支援制度の拡充や育児休業取得の促進に積極的に取り組んでいます。

④　**環境**

　次世代により良い環境を残していくために，オフィスにおける再生可能エネルギーの利用や省エネルギー活動などの環境配慮はもちろん，製品の設計から販売後の修理・サポート，リサイクル対応に至るまでさまざまな側面において，環境負荷低減に取り組んでいます。具体的には，エネルギー効率や資源効率に配慮した設計，リサイクルのしやすい包装材の選定，効率的な輸送の実施，長く楽しんでいただくための修理・サポートなど，設計からアフターサービスまでの各段階において環境配慮に取り組んでいます。また，気候変動に関しては，気候関連財務情報開示タスクフォース（TCFD）の提言に基づき，1.5℃シナリオと4℃シナリオをベースとしたリスク・機会を抽出し，財務的影響度を評価の上，情報開示を行っています。今後も気候変動への対応に取り組んでいきます。

（3）　リスク管理

　CSR活動において注力すべき課題を重点項目として設定しています。重点項目は CSR推進プロジェクト事務局及び主要なグループ会社の CSR推進担当者が，GRI スタンダードなどの国際基準を参考に，社会へ与えるインパクトと当社グループのビジネスへのインパクトの2軸でリスクと機会を検討・評価の上，課題を特定しています。

　重点項目及びそれらに係る各事業年度の活動計画は，経営会議へ報告しており，社会や環境の変化に柔軟に対応するためCSR推進プロジェクト事務局が毎年確認し，適宜見直しを行っています。

（4）　指標及び目標

　当社では，2021年度からの5年間の累計における育児休業取得率を女性は実質100％（※）を継続し，男性は50％以上に上昇させることを目標として設定しています。なお，当社グループに属する全ての会社では指標及び目標の設定が行

(point) 従業員の状況

　主力セグメントや，これまで会社を支えてきたセグメントの人数が多い傾向があるのは当然のことだろう。上場している大企業であれば平均年齢は40歳前後だ。また労働組合の状況にページが割かれている場合がある。その情報を載せている背景として，労働組合の力が強く，人数を削減しにくい企業体質だということを意味している。

われていないため，当社グループにおける記載が困難です。このため，次の指標に関する目標及び実績は，当社のものを記載しています。

指標	目標	実績（当事業年度）
女性の育児休業取得率	2021年度からの5年間の累計において実質100％（※）を継続	2021年度からの累計において106％
男性の育児休業取得率	2021年度からの5年間の累計において50％以上	2021年度からの累計において72％

（※）「育児休業取得率」は，事業年度中に子が生まれた社員の数に対する同事業年度中に新たに育児休業をした社員の数の割合で算定しているため，100％を上回る場合や，下回る場合があります。

3 事業等のリスク

当社グループ（当社及び連結子会社）の経営成績，株価及び財務状況等に影響を及ぼす可能性のあるリスクには以下のようなものがあります。ただし，全てのリスクを網羅したものではなく記載した事項以外の予見し難いリスクも存在します。なお，文中における将来に関する事項は，当連結会計年度末現在において当社グループが判断したものです。

（1）　経済環境に関するリスク ……………………………………………………

為替レートの変動

当社グループは，全世界で製品を販売し海外での売上割合は7割を超えていますが，そのほとんどを現地通貨で取引しています。また，当社は多額の外貨建資産も保有しており，円建資産に転換する場合だけでなく財務諸表作成のための換算においても為替レートの変動の影響を強く受けます。そのため，為替レートが大幅に変動した場合，当社グループの財政状態，経営成績及びキャッシュ・フローに悪影響を及ぼす可能性があります。

当社グループでは，為替レートの変動による影響を軽減するために外貨建の仕入を継続しています。

（2）　事業活動に関するリスク ……………………………………………………

市場環境の変化や他社との競争

当社グループの事業は，幅広い娯楽の中の一分野であり，他の様々な娯楽の趨勢による影響を受けます。他の娯楽へのお客様の志向が強くなると，ゲーム市場が縮小する可能性があります。また，技術の進歩や革新で新たな競争相手が出現

(point) **業績等の概要**

この項目では今期の売上や営業利益などの業績がどうだったのか，収益が伸びたあるいは減少した理由は何か，そして伸ばすためにどんなことを行ったかということがセグメントごとに分かる。現在，会社がどのようなビジネスを行っているのか最も分かりやすい箇所だと言える。

した場合，大きな影響を受ける可能性があります。ゲーム業界は，多額の研究開発費や広告宣伝費等が必要とされる一方で，巨大な同業他社や他のエンターテインメント業界との競合等の可能性もあり，これまで以上に利益を確保し難い状況になる可能性があります。また，急激な構造変化などに対応できない場合，当社グループの財政状態，経営成績及びキャッシュ・フローに悪影響を及ぼす可能性があります。

当社グループでは，「娯楽を通じて人々を笑顔にする会社」として，どなたにでも直感的に楽しんでいただける「任天堂独自の遊び」を提供することを目指しています。この独自の娯楽体験を実現するために，ハード・ソフト一体型のゲーム専用機ビジネスを経営の中核に置き，世界中のすべての人々に向けて，独創的な商品やサービスの提案に取り組みます。そして，この中核のビジネスを持続的に成長させるために，「任天堂 IP に触れる人口の拡大」を基本戦略として掲げ，ゲーム専用機以外の分野でもお客様と任天堂 IP との接点を広げることによって，より多くのお客様にゲーム体験にも興味を持っていただくきっかけを作ります。また，ニンテンドーアカウントを通じて，お客様一人ひとりと長期的な関係を築くことに取り組んでいきます。

新製品開発

ゲーム専用機ソフトウェア及びスマートデバイス向けアプリケーションの開発には，かなりの時間と費用を必要とする一方で，お客様の嗜好は常に変化しており，全ての新製品や新サービスがお客様に受け入れられる保証はありません。ハードウェアの開発には長い期間を必要とする一方で，技術は絶えず進歩しており，娯楽に必要な技術を装備出来ない可能性があります。さらに，発売が遅れた場合，市場シェアの確保が難しくなる可能性があります。

また，当社製品及びサービスは，その特性から予定の期間内での開発が困難になるケースがあり，計画どおりの販売や提供開始ができないことがあります。さらに開発を中断または中止することもあり，計画から大きく乖離する可能性があります。

コンピューターエンターテインメントの分野において，これらの開発プロセス

は複雑かつ不確実なものであるため，上記のリスクに対応できない場合，当社グループの財政状態，経営成績及びキャッシュ・フローに悪影響を及ぼす可能性があります。

当社グループでは，継続して斬新で魅力ある新製品の開発に努めています。

製品の評価，適正在庫の確保

ゲーム業界における一般的な製品は，ライフサイクルが比較的短く，嗜好性や季節性が強いものであるため，過剰な在庫を抱えることや保有する棚卸資産が陳腐化することにより，当社グループの財政状態，経営成績及びキャッシュ・フローに悪影響を及ぼす可能性があります。

正確な販売予測は困難なため，市場に必要な量を供給できず，商機を逃す可能性がありますが，当社グループでは，需要に見合った供給を確保するために，見込生産の実施や，ダウンロードソフトの販売推進を行っています。

外部企業への製造依存

当社グループは，主要な部品の製造や製品への組立てをグループ外企業に委託しており，グループ外企業の倒産等により重要部品の調達及び製造に支障が生じる可能性があります。また，部品の製造業者が当社グループの必要とする数量を予定どおりに供給出来ない可能性もあります。重要部品が不足すると，部品の価格高騰による利益率の低下にとどまらず，製品の供給不足や品質管理等で問題が発生し，顧客との関係悪化をも引き起こす可能性があります。さらに，製造委託先の生産拠点が海外に多く，現地で治安の悪化や自然災害，感染症の拡大等が起これば，生産が妨げられ業績に悪影響を及ぼします。

当社グループでは，生産面において，ほとんどの部材調達先及び生産外注先を複数社としており，リスクヘッジを行っています。また，重要な部品については，全てのプロセス・生産場所・担当責任者などを把握し，予想し得ない事故の場合にも可能な限り迅速な罹災状況の把握と代替対応ができるように管理体制を整えています。

業績の季節的変動

　当社製品の需要の多くは，年末商戦期や正月時期等に集中するため，季節によって変動します。この時期に魅力的な新製品を投入出来なかった場合や，製品の供給が間に合わなかった場合等においては，業績に影響が及ぶ可能性があります。

　当社グループでは，発売後も長い期間にわたり手に取っていただけるゲームの開発や継続的に楽しんでいただけるデジタルビジネスにおける有償サービスの提供などにより，年間を通して安定した業績となるよう努めています。

システムのトラブル

　当社グループは，情報発信だけではなく，ゲームのオンラインプレイやソフトのダウンロード販売，インターネットを介した様々なサービスを提供しています。しかし，万一これらの運営システムに対し，サイバー攻撃が行われる，自然災害や事故が発生するなどして，システムの停止や破壊，データの流出や不正利用等が起きた場合には，将来の経営成績，株価及び財務状況等に悪影響が及ぶ可能性があります。

　当社グループでは，当社の事業におけるネットワーク機能の重要性が高まっていることを考慮し，割り当てる社内リソースの増強，必要な人材の採用，社外専門業者との連携等により，対応力の強化に努めています。

事業活動に影響を及ぼす諸事情

　当社グループの事業は，日本以外に，米国，欧州，豪州並びにアジア等でも行っています。国内外での事業活動においては，不利な政治または経済要因の発生，多国間税制度における不統一性及び税法解釈の相違における不利な取扱い，人材の採用と確保の困難，ストライキ等の労働争議，テロ，戦争，その他の要因による社会的混乱等のリスクが存在します。製品やサービスの開発・製造・物流・販売等に支障をきたす場合，当社グループの財政状態，経営成績及びキャッシュ・フローに悪影響を及ぼす可能性があります。

　当社グループでは，継続的に必要な措置を講じていきます。

（3） 法的規制・訴訟に関するリスク ···

製造物責任

　当社グループの製品は，世界各地域で認められている安全・品質管理基準に従って開発・製造していますが，世界各地域で販売されていることから，万一欠陥等が見つかった場合，大規模な返品要求が発生する可能性があります。また，製造物責任賠償につながるような製品の欠陥は，追加のコストの発生や当社グループの評価に影響を与え，将来の業績及び財務状況に悪影響が及ぶ可能性があります。

　当社グループでは，製品に対する責任を充分認識しており，設計，製造，付帯サービスの面から製品の品質管理，品質保証に引き続き積極的に取り組んでいきます。

知的財産保護の限界

　当社グループは，他社製品と差別化出来る様々な知的財産を蓄積してきましたが，インターネットを使った違法なアップロードや，不正品への効果的な対処が困難な地域があり，将来の業績及び財務状況に悪影響が及ぶ可能性があります。

　当社グループでは，継続的に必要な措置を講じていきます。

システムへの不正アクセス・機密情報の流出

　当社グループは，お客様等に関する情報や，開発・営業機密情報を保有しています。万一これらの個人情報が漏洩した場合や，当社グループの開発や営業機密が流出し，第三者に不正利用された場合，または不正なアクセスがあった場合等は，将来の経営成績，株価及び財務状況等に悪影響が及ぶ可能性があります。当社グループでは，継続的に必要な措置を講じていきます。

法律・規則等の変更

　当社グループが予期しない法律や規則の施行または変更，会計基準や税制の新たな導入・変更等により，業績及び財務状況等に影響が及ぶ可能性があります。また，税務申告における税務当局との見解の相違により，追加の税負担が生じる

可能性があります。

　当社グループでは，行政機関などの外部機関からウェブサイトなどを通じて発せられる情報のフォローに加え，外部機関が主催するセミナーへの参加や専門書の定期購読などによる情報収集を行うとともに，実施に向けて様々な検討を進めています。

訴訟等

　当社グループは，国内及び海外における事業活動等に関し，訴訟，紛争またはその他の法的手続等の対象とされることで，業績及び財務状況に悪影響が及ぶ可能性があります。

　当社グループでは，訴訟リスクを軽減するよう様々な措置を講じています。

（4）　その他 ……………………………………………………………………

　上記のほか，売上債権の回収不能，金融機関の破綻，環境に関する規制，あるいは，不測の事態によるコーポレートブランドの毀損，政情の変化，急激な気候変動，自然災害や感染症の拡大等により業績及び財務状況に悪影響が及ぶ可能性があります。

　当社グループでは，継続的に必要な措置を講じていきます。

4　経営者による財政状態，経営成績及びキャッシュ・フローの状況の分析

　当連結会計年度における当社グループ（当社及び連結子会社）の財政状態，経営成績及びキャッシュ・フロー（以下，「経営成績等」という。）の状況の概要並びに経営者の視点による当社グループの経営成績等の状況に関する認識及び分析・検討内容は次のとおりです。

　なお，文中における将来に関する事項は，当連結会計年度末現在において判断したものです。

　また，当社グループは単一セグメントのため，セグメント情報に関連付けた記載を行っていません。

（1）　重要な会計方針及び見積りに用いた仮定 ·······································

当社グループの連結財務諸表は，わが国において一般に公正妥当と認められる企業会計の基準に準拠して作成しています。この作成においては，経営者による会計方針の選択と適用を前提とし，資産・負債及び収益・費用の金額に影響を与える見積りを必要とします。経営者はこれらの見積りについて過去の実績や将来における発生の可能性等をもとに適切な仮定を設定し，合理的な判断をしていますが，実際の結果は，見積り特有の不確実性があるため，これらの見積りと異なる場合があります。当社グループの連結財務諸表で採用する会計上の見積り及び仮定のうち，重要なものは，「第5経理の状況1連結財務諸表等（1）連結財務諸表注記事項（重要な会計上の見積り）」に記載しています。

（2）　経営成績等の状況 ···
①　業績の概要・分析

当連結会計年度の Nintendo Switch ビジネスは，『ポケットモンスタースカーレット・バイオレット』が2,210万本，『スプラトゥーン3』が1,067万本とそれぞれ好調な販売を記録しました。当期に発売したその他の新作タイトルも，『Nintendo Switch Sports』が960万本の販売となるなど，順調に販売を伸ばしました。加えて，前期以前に発売したタイトルのうち『マリオカート8デラックス』が845万本（累計販売本数5,379万本），『星のカービィディスカバリー』が381万本（累計販売本数646万本）の販売を記録しました。これらの結果，当期のミリオンセラータイトルはソフトメーカー様のタイトルも含めて35タイトルとなりました。

ハードウェアに関しては，半導体部品等の供給不足によって夏の終わりごろまで生産が影響を受けたことに加え，主に年末商戦で前期ほどの販売の伸びが見られなかったことから，販売台数は前年同期比22.1％減の1,797万台となりました。ソフトウェアは安定した販売状況が続いたものの，ハードウェアの販売減の影響を一部受け，販売本数は前年同期比9.0％減の2億1,396万本となりました。

ゲーム専用機におけるデジタルビジネスでは，円安による為替の影響に加え，Nintendo Switch のパッケージ併売ダウンロードソフトが好調に推移したことや

Nintendo Switch Onlineによる売上が増加したことなどにより，デジタル売上高は4,052億円（前年同期比12.7％増）となりました。

　モバイル・IP関連収入等については，ロイヤリティ収入は増加しましたが，スマートデバイス向け課金収入が減少したことで，売上高は510億円（前年同期比4.3％減）となりました。

　なお，当社グループの経営方針・経営戦略等は「第2事業の状況1経営方針，経営環境及び対処すべき課題等」に記載のとおりです。また，「第2事業の状況4経営者による財政状態，経営成績及びキャッシュ・フローの状況の分析（4）経営成績等に重要な影響を与えている要因」に記載のとおり，ヒット商品の有無やその規模が経営成績等に大きな影響を与えていると考えています。

②　経営成績の状況の概要・分析

　当連結会計年度は前年同期と比較しますと，売上高・営業利益・経常利益・親会社株主に帰属する当期純利益は減少しました。

　売上高は1兆6,016億円（前年同期比5.5％減）となり，このうち海外売上高は1兆2,360億円（前年同期比7.5％減，海外売上高比率77.2％）となりました。営業利益は5,043億円（前年同期比14.9％減）となりましたが，為替差益が減少したことなどにより経常利益は6,010億円（前年同期比10.4％減）となりました。親会社株主に帰属する当期純利益は4,327億円（前年同期比9.4％減）となりました。

（売上高及び営業利益）

　売上高は，前年同期に比べて936億円の減収で，1兆6,016億円（前年同期比5.5％減）となりました。売上総利益は前年同期に比べ606億円減少し，8,854億円（前年同期比6.4％減）となりました。また，研究開発費や広告宣伝費が増加したこと等により，販売費及び一般管理費は前年同期に比べて277億円増加し，営業利益は5,043億円（前年同期比14.9％減）となりました。

（営業外損益及び経常利益）

　営業外損益は，為替差益の発生や，（株）ポケモンなどに係る持分法による投資利益を計上したこと等により，966億円の収益（純額）となりました。こ

の結果，経常利益は6,010億円（前年同期比10.4%減）となりました。

（親会社株主に帰属する当期純利益）

　主に経常利益が前年同期に比べて減少したことにより，親会社株主に帰属する当期純利益は4,327億円（前年同期比9.4%減）となりました。

③　**財政状態の状況の概要・分析**

（総資産）

　総資産は，前連結会計年度末に比べ1,918億円増加し，2兆8,542億円となりました。営業活動を通じた入金や円安による為替の影響などにより現金及び預金が増加したほか，その一部を有価証券として保有したことが主な要因です。

（負債）

　負債は，前連結会計年度末に比べ52億円減少し，5,878億円となりました。デジタルビジネスの拡大などに伴い前受金が増加したものの，未払法人税等が減少したことが主な要因です。

（純資産）

　純資産は，前連結会計年度末に比べ1,971億円増加し，2兆2,664億円となりました。親会社株主に帰属する当期純利益を4,327億円計上し，剰余金の配当を2,387億円行ったことが主な要因です。

④　**キャッシュ・フローの状況の概要・分析**

　当連結会計年度末における現金及び現金同等物（以下，「資金」という。）は，前連結会計年度末から1,718億円増加（前年同期は906億円の増加）し，1兆1,945億円となりました。各キャッシュ・フローの増減状況とその要因は次のとおりです。

（営業活動によるキャッシュ・フロー）

　営業活動による資金は，税金等調整前当期純利益6,007億円に対して，主に法人税等の支払いや棚卸資産の増加などの減少要因がありましたが，売上債権の減少などの増加要因もあり，3,228億円の増加（前年同期は2,896億円の増加）となりました。

(投資活動によるキャッシュ・フロー)

　　投資活動による資金は，定期預金の払戻や有価証券及び投資有価証券の売却及び償還による収入が，定期預金の預入や有価証券及び投資有価証券の取得による支出を上回ったことなどにより，1,115億円の増加（前年同期は936億円の増加）となりました。

(財務活動によるキャッシュ・フロー)

　　財務活動による資金は，主に配当金の支払いや自己株式の取得による支出により2,909億円の減少（前年同期は3,370億円の減少）となりました。

(3)　生産，受注及び販売の実績 ···

①　生産実績

　　当連結会計年度における生産実績は，次のとおりです。なお，当社グループは単一セグメントのため，製品の種類別に記載しています。

種類	金額 （百万円）	前年同期比 （％）
ゲーム専用機		
Nintendo Switchプラットフォーム	1,213,299	△5.8
その他	15,728	△3.5
計	1,229,028	△5.8
その他（トランプ他）	4,719	+1,418.2
合計	1,233,748	△5.4

（注）　上記金額は，販売価格により算出しています。

②　受注状況

　　主にゲーム専用機ソフトウェアについて一部受注生産を行うほかは，見込生産のため記載を省略しています。

③　販売実績

　　当連結会計年度における販売実績は，次のとおりです。なお，当社グループは単一セグメントのため，製品の種類別に記載しています。

種類	金額 (百万円)	前年同期比 (%)
ゲーム専用機		
Nintendo Switchプラットフォーム	1,509,202	△5.8
その他	35,718	△2.1
計	1,544,920	△5.8
モバイル・IP関連収入等	51,067	△4.3
その他(トランプ他)	5,689	+105.1
合計	1,601,677	△5.5

（4）　経営成績等に重要な影響を与えている要因 ……………………………………

　当社グループは，ホームエンターテインメントの分野で事業を展開しており，ヒット商品の有無や，その規模によって経営成績等が大きく変わります。また，娯楽の範囲は広く，ゲーム以上に面白さや驚きを人々に与えるものが流行れば，その影響も受けます。

　海外での売上割合は7割を超え，このほとんどを現地通貨で取引しており，為替レートの変動による影響を軽減するために米ドル建等の仕入を継続しているものの，当該リスクを完全に排除することは困難であり，為替相場の変動は当社グループの業績に影響を与えます。

　主要製品であるゲーム専用機と対応するソフトウェアが，当社グループの売上の多くを占めますが，それぞれの利益率が大きく異なるため，これらの売上割合の変動は売上総利益及び売上総利益率に影響を与えます。

　その他にも経営成績等には，「第2事業の状況3事業等のリスク」に記載する変動要因が考えられます。

（5）　資本の財源及び資金の流動性について ……………………………………

　当連結会計年度末において，流動比率は434％，総負債額に対する現金及び現金同等物は2.0倍です。

　当社グループは将来の経営環境への対応や業容拡大等のために必要な資金を内部留保しています。

　当社グループの運転資金需要のうち主なものは，製造のための材料及び部品の購入費，広告宣伝費や研究開発費のほか，配当金や法人税等の支払いです。この

他，会社の成長に必要な設備投資等を含め，全てを自己資金でまかなうことを原則としており，ゲーム専用機等の販売等の営業活動によるキャッシュ・フローによって自己資金を確保しています。なお，当社グループの株主還元の考え方は「第4　提出会社の状況　3　配当政策」，具体的な設備投資計画は「第3　設備の状況　3　設備の新設，除却等の計画」に記載のとおりです。

　新製品の発売時期や年末商戦時期には，一時的な売上債権，仕入債務，棚卸資産等の増加があり，営業活動によるキャッシュ・フローの増減に影響を及ぼす可能性があります。また，3か月を超える定期預金の預入・払戻の時期や，有価証券の取得・売却の時期等により投資活動によるキャッシュ・フローが増減します。

設備の状況

1 設備投資等の概要

　当社グループ（当社及び連結子会社）は，娯楽製品の開発，製造及び販売を事業として展開しており，当連結会計年度において33,933百万円の設備投資を実施しました。これらは，主に研究開発設備に関するものであり，自社利用のソフトウェアなどの無形固定資産等も含めています。

　所要資金については，いずれの設備投資も自己資金にて充当し，外部からの資金調達は行っていません。なお，当社グループは単一セグメントのため，セグメント情報に関連付けた記載を行っていません。

2 主要な設備の状況

　主要な設備は，次のとおりです。なお，当社グループ（当社及び連結子会社）は単一セグメントのため，事業内容別に記載しています。

(1) 提出会社

2023年3月31日現在

事業所名 （所在地）	事業内容	設備の内容	帳簿価額（百万円）						従業員数 （人）
			建物及び構築物	機械装置及び運搬具	土地 （面積千㎡）	工具、器具及び備品	その他	合計	
宇治工場 （京都府宇治市）	製造	生産設備	2,351	221	1,866 (25)	59	1	4,499	129
本社 （京都市南区）	管理・販売・開発・製造	その他設備	17,793	80	22,160 (67)	1,676	8,038	49,750	2,500
東京支店 ※1,2 （東京都千代田区）	管理・販売・開発	その他設備	1,187	0	（－）	135	195	1,518	150
任天堂販売株式会社への貸与資産 （京都府宇治市）	販売	その他設備	884	0	4,079 (9)	1	－	4,964	－
任天堂販売株式会社への貸与資産 （大阪市北区）	販売	その他設備	754	－	5,763 (1)	5	－	6,523	－
任天堂資料館（仮称） （京都府宇治市）	その他	その他設備	78	－	37 (14)	0	5,825	5,941	－

（注）1　帳簿価額のうち「その他」は，無形固定資産及び長期前払費用です。

　　　2　※1　東京支店は，建物を賃借しています。なお，年間賃借料は1,163百万円です。

　　　3　※2　任天堂販売株式会社及び1-UPスタジオ株式会社に貸与している資産が一部含まれています。

（2）　在外子会社

会社名 （所在地）	事業内容	設備の内容	帳簿価額（百万円）						従業員数（人）
			建物及び構築物	機械装置及び運搬具	土地（面積千㎡）	工具、器具及び備品	その他	合計	
Nintendo of America Inc. （アメリカ）	販売	その他設備	13,193	714	4,128 (508)	1,922	1,383	21,343	1,241
Nintendo of Europe GmbH （ドイツ）	販売	その他設備	3,921	167	— (—)	476	1,014	5,580	943

（注）　1　帳簿価額のうち「その他」は，建設仮勘定及び無形固定資産です。

　　　　2　上記金額には，使用権資産を含みます。

3　設備の新設，除却等の計画

　　設備の新設等の計画は，次のとおりです。経常的な設備の更新のための除却・売却を除き，重要な設備の除却・売却の計画はありません。なお，当社グループ（当社及び連結子会社）は単一セグメントのため，セグメント情報に関連付けた記載を行っていません。また，当社グループの実際の設備投資は，「第2事業の状況3事業等のリスク」で記載したもの等の要因により，下記の見通しに比べて著しく変動する場合があります。

会社名	設備の内容	投資予定金額（百万円）	着手年月	完了予定年月
当社及び連結子会社	研究開発設備	34,000	2022年4月	2025年3月
当社及び連結子会社	金型等生産設備	8,000	2022年4月	2025年3月
当社及び連結子会社	その他建物等の改修及び更新他	42,000	2022年4月	2025年3月
合計		84,000	—	—

（注）　上記金額の今後の設備等所要資金は，自己資金で充当する予定です。

提出会社の状況

1 株式等の状況

(1) 株式の総数等 ··

① 株式の総数

種類	発行可能株式総数(株)
普通株式	4,000,000,000
計	4,000,000,000

② 発行済株式

種類	事業年度末現在 発行数(株) (2023年3月31日)	提出日現在発行数 (株) (2023年6月26日)	上場金融商品取引所名 又は登録認可金融商品 取引業協会名	内容
普通株式	1,298,690,000	1,298,690,000	東京証券取引所 プライム市場	単元株式数100株
計	1,298,690,000	1,298,690,000	—	—

■ 経理の状況

1. 連結財務諸表及び財務諸表の作成方法について ································

（1）　当社の連結財務諸表は，「連結財務諸表の用語，様式及び作成方法に関する規則」（1976年大蔵省令第28号。以下「連結財務諸表規則」という。）に基づいて作成しています。

（2）　当社の財務諸表は，「財務諸表等の用語，様式及び作成方法に関する規則」（1963年大蔵省令第59号。以下「財務諸表等規則」という。）に基づいて作成しています。

　　なお，当社は，特例財務諸表提出会社に該当し，財務諸表等規則第127条の規定により財務諸表を作成しています。

2. 監査証明について ···

　当社は，金融商品取引法第193条の2第1項の規定に基づき，連結会計年度（2022年4月1日から2023年3月31日まで）の連結財務諸表及び事業年度（2022年4月1日から2023年3月31日まで）の財務諸表について，PwC京都監査法人により監査を受けています。

3. 連結財務諸表等の適正性を確保するための特段の取り組みについて ··········

　当社は，連結財務諸表等の適正性を確保するための特段の取り組みを行っています。具体的には，会計基準等の内容を適切に把握し，または会計基準等の変更等について的確に対応することができる体制を整備するため，公益財団法人財務会計基準機構へ加入し，当財団主催のセミナー等への参加や会計専門書の定期購読をしています。

　なお，将来において国際会計基準を選択する可能性も鑑み，外部機関が主催するセミナーに参加するなど情報収集を行うとともに，様々な検討を進めています。

（1） 連結財務諸表 ···

① 連結貸借対照表

（単位：百万円）

	前連結会計年度 （2022年3月31日）		当連結会計年度 （2023年3月31日）	
資産の部				
流動資産				
現金及び預金		1,206,506		1,263,666
受取手形及び売掛金	※1	141,087	※1	119,932
有価証券		504,385		615,699
棚卸資産	※2	204,183	※2	258,628
その他		70,147		56,822
貸倒引当金		△98		△236
流動資産合計		2,126,212		2,314,513
固定資産				
有形固定資産				
建物及び構築物（純額）		42,571		45,451
工具、器具及び備品（純額）		4,498		5,229
機械装置及び運搬具（純額）		1,477		1,520
土地		35,337		40,995
建設仮勘定		1,280		6,311
有形固定資産合計	※3	85,164	※3	99,509
無形固定資産				
ソフトウェア		10,241		10,205
その他		7,073		8,390
無形固定資産合計		17,315		18,595
投資その他の資産				
投資有価証券	※4	312,663	※4	276,253
退職給付に係る資産		8,597		8,911
繰延税金資産		87,996		103,670
その他		24,434		32,830
投資その他の資産合計		433,692		421,666
固定資産合計		536,172		539,770
資産合計		2,662,384		2,854,284

---

point 生産及び販売の状況

生産高よりも販売高の金額の方が大きい場合は，作った分よりも売れていることを意味するので，景気が良い，あるいは会社のビジネスがうまくいっていると言えるケースが多い。逆に販売額の方が小さい場合は製品が売れなく，在庫が増えて景気が悪くなっていると言える場合がある。

	前連結会計年度 （2022年3月31日）	当連結会計年度 （2023年3月31日）
負債の部		
流動負債		
支払手形及び買掛金	150,910	149,217
前受金	※5　131,139	※5　160,758
賞与引当金	5,459	4,219
未払法人税等	99,520	82,550
その他	153,696	136,734
流動負債合計	540,726	533,480
固定負債		
取締役報酬引当金	—	133
退職給付に係る負債	25,063	23,084
その他	27,284	31,119
固定負債合計	52,347	54,337
負債合計	593,074	587,818
純資産の部		
株主資本		
資本金	10,065	10,065
資本剰余金	15,041	15,079
利益剰余金	2,198,706	2,392,704
自己株式	△220,343	△271,049
株主資本合計	2,003,469	2,146,798
その他の包括利益累計額		
その他有価証券評価差額金	33,199	28,028
為替換算調整勘定	32,373	91,406
その他の包括利益累計額合計	65,573	119,435
非支配株主持分	266	232
純資産合計	2,069,310	2,266,466
負債純資産合計	2,662,384	2,854,284

(point) 対処すべき課題

　有報のなかで最も重要であり注目すべき項目。今，事業のなかで何かしら問題があれ
ばそれに対してどんな対策があるのか，上手くいっている部分をどう伸ばしていくの
かなどの重要なヒントを得ることができる。また今後の成長に向けた技術開発の方向
性や，新規事業の戦略についての理解を深めることができる。

② 連結損益計算書及び連結包括利益計算書

連結損益計算書

(単位：百万円)

	前連結会計年度 (自 2021年4月1日 至 2022年3月31日)	当連結会計年度 (自 2022年4月1日 至 2023年3月31日)
売上高	1,695,344	1,601,677
売上原価	※1,※3 749,299	※1,※3 716,237
売上総利益	946,044	885,440
販売費及び一般管理費	※2,※3 353,283	※2,※3 381,065
営業利益	592,760	504,375
営業外収益		
受取利息	3,317	25,499
持分法による投資利益	26,672	26,599
為替差益	45,626	39,720
その他	3,169	5,514
営業外収益合計	78,786	97,333
営業外費用		
支払利息	281	122
有価証券売却損	42	121
投資有価証券評価損	－	362
その他	409	30
営業外費用合計	733	637
経常利益	670,813	601,070
特別利益		
固定資産売却益	※4 1	※4 48
投資有価証券売却益	347	20
受取和解金	3,300	－
特別利益合計	3,648	68
特別損失		
固定資産処分損	※5 73	※5 382
特別損失合計	73	382
税金等調整前当期純利益	674,389	600,757
法人税、住民税及び事業税	200,469	180,110
法人税等調整額	△3,794	△12,153
法人税等合計	196,674	167,957
当期純利益	477,714	432,800
非支配株主に帰属する当期純利益	22	32
親会社株主に帰属する当期純利益	477,691	432,768

連結包括利益計算書

（単位：百万円）

	前連結会計年度 （自 2021年4月1日 至 2022年3月31日）	当連結会計年度 （自 2022年4月1日 至 2023年3月31日）
当期純利益	477,714	432,800
その他の包括利益		
その他有価証券評価差額金	△417	△5,068
為替換算調整勘定	49,777	51,814
持分法適用会社に対する持分相当額	3,424	7,115
その他の包括利益合計	※1 52,784	※1 53,861
包括利益	530,498	486,661
（内訳）		
親会社株主に係る包括利益	530,476	486,629
非支配株主に係る包括利益	22	32

(point) **事業等のリスク**

　「対処すべき課題」の次に重要な項目。新規参入により長期的に価格競争が激しくなり企業の体力が奪われるようなことがあるため，その事業がどの程度参入障壁が高く安定したビジネスなのかなど考えるきっかけになる。また，規制や法律，訴訟なども企業によっては大きな問題になる可能性があるため，注意深く読む必要がある。

③ 連結株主資本等変動計算書

前連結会計年度（自　2021年4月1日　至　2022年3月31日）

（単位：百万円）

	株主資本				
	資本金	資本剰余金	利益剰余金	自己株式	株主資本合計
当期首残高	10,065	15,043	1,993,325	△156,851	1,861,582
当期変動額					
剰余金の配当			△240,702		△240,702
親会社株主に帰属する当期純利益			477,691		477,691
自己株式の取得				△95,100	△95,100
自己株式の処分					－
自己株式の消却		△1	△31,607	31,608	
株主資本以外の項目の当期変動額（純額）					
当期変動額合計	－	△1	205,380	△63,492	141,887
当期末残高	10,065	15,041	2,198,706	△220,343	2,003,469

	その他の包括利益累計額			非支配株主持分	純資産合計
	その他有価証券評価差額金	為替換算調整勘定	その他の包括利益累計額合計		
当期首残高	33,571	△20,782	12,788	243	1,874,614
当期変動額					
剰余金の配当					△240,702
親会社株主に帰属する当期純利益					477,691
自己株式の取得					△95,100
自己株式の処分					－
自己株式の消却					－
株主資本以外の項目の当期変動額（純額）	△371	53,156	52,784	22	52,807
当期変動額合計	△371	53,156	52,784	22	194,695
当期末残高	33,199	32,373	65,573	266	2,069,310

当連結会計年度（自　2022年4月1日　至　2023年3月31日）

（単位：百万円）

	株主資本				
	資本金	資本剰余金	利益剰余金	自己株式	株主資本合計
当期首残高	10,065	15,041	2,198,706	△220,343	2,003,469
当期変動額					
剰余金の配当			△238,770		△238,770
親会社株主に帰属する当期純利益			432,768		432,768
自己株式の取得				△50,725	△50,725
自己株式の処分		37		19	56
自己株式の消却					—
株主資本以外の項目の当期変動額（純額）					
当期変動額合計	—	37	193,997	△50,705	143,329
当期末残高	10,065	15,079	2,392,704	△271,049	2,146,798

	その他の包括利益累計額			非支配株主持分	純資産合計
	その他有価証券評価差額金	為替換算調整勘定	その他の包括利益累計額合計		
当期首残高	33,199	32,373	65,573	266	2,069,310
当期変動額					
剰余金の配当					△238,770
親会社株主に帰属する当期純利益					432,768
自己株式の取得					△50,725
自己株式の処分					56
自己株式の消却					—
株主資本以外の項目の当期変動額（純額）	△5,171	59,032	53,861	△34	53,827
当期変動額合計	△5,171	59,032	53,861	△34	197,156
当期末残高	28,028	91,406	119,435	232	2,266,466

④ 連結キャッシュ・フロー計算書

（単位：百万円）

	前連結会計年度 （自 2021年4月1日 至 2022年3月31日）	当連結会計年度 （自 2022年4月1日 至 2023年3月31日）
営業活動によるキャッシュ・フロー		
税金等調整前当期純利益	674,389	600,757
減価償却費	10,527	11,040
貸倒引当金の増減額（△は減少）	△37	74
受取利息及び受取配当金	△4,525	△27,369
為替差損益（△は益）	△57,324	△54,260
持分法による投資損益（△は益）	△26,672	△26,599
売上債権の増減額（△は増加）	8,134	31,513
棚卸資産の増減額（△は増加）	△84,563	△45,792
仕入債務の増減額（△は減少）	25,125	9,025
退職給付に係る負債の増減額（△は減少）	2,575	△3,826
未払消費税等の増減額（△は減少）	△1,824	△358
その他	3,307	△6,070
小計	549,112	488,134
利息及び配当金の受取額	4,862	24,455
利息の支払額	△281	△131
法人税等の支払額	△264,031	△189,615
営業活動によるキャッシュ・フロー	289,661	322,843
投資活動によるキャッシュ・フロー		
有価証券及び投資有価証券の取得による支出	△943,319	△724,691
有価証券及び投資有価証券の売却及び償還による収入	1,015,200	729,907
有形及び無形固定資産の取得による支出	△7,587	△22,190
有形及び無形固定資産の売却による収入	7	94
定期預金の預入による支出	△354,500	△580,310
定期預金の払戻による収入	383,921	708,299
その他	△21	398
投資活動によるキャッシュ・フロー	93,699	111,507
財務活動によるキャッシュ・フロー		
自己株式の取得による支出	△95,350	△50,733
配当金の支払額	△240,560	△238,700
その他	△1,099	△1,540
財務活動によるキャッシュ・フロー	△337,010	△290,973
現金及び現金同等物に係る換算差額	44,288	28,474
現金及び現金同等物の増減額（△は減少）	90,638	171,851
現金及び現金同等物の期首残高	932,079	1,022,718
現金及び現金同等物の期末残高	※1 1,022,718	※1 1,194,569

【注記事項】
　（連結財務諸表作成のための基本となる重要な事項）

1　連結の範囲に関する事項 ‥‥‥‥‥‥‥‥‥‥‥‥‥‥‥‥‥‥‥‥‥‥‥‥

（1）　連結子会社は28社です。 ‥‥‥‥‥‥‥‥‥‥‥‥‥‥‥‥‥‥‥‥‥‥

　主要な連結子会社名は，「第1企業の概況4関係会社の状況」に記載しているため，省略しています。

（2）　非連結子会社は次の1社です。 ‥‥‥‥‥‥‥‥‥‥‥‥‥‥‥‥‥‥

　福栄（株）

　上記については，小規模であり，総資産，売上高，当期純損益及び利益剰余金等は，いずれも連結財務諸表に重要な影響を及ぼしていないためです。

2　持分法の適用に関する事項 ‥‥‥‥‥‥‥‥‥‥‥‥‥‥‥‥‥‥‥‥‥‥

（1）　持分法適用の関連会社は次の4社です。

　（株）ポケモン，（株）ワープスター，PUX（株），First Avenue Entertainment, LLLP

（2）　持分法を適用していない非連結子会社は福栄（株）及び関連会社は（株）エイプで，それぞれ当期純損益及び利益剰余金等に及ぼす影響が軽微であり，かつ全体としても重要性がないためです。

（3）　持分法適用会社のうち，決算日が連結決算日と異なる会社については，各社の事業年度に係る財務諸表または仮決算に基づく財務諸表を使用しています。

3　連結子会社の事業年度等に関する事項 ‥‥‥‥‥‥‥‥‥‥‥‥‥‥‥‥

　連結子会社のうち，神游科技有限公司, Nintendo RU LLC.他1社の決算日は，12月31日です。

　連結決算日との差は3か月以内であるため，当該連結子会社の事業年度に係る

財務諸表を基礎として連結を行っています。ただし，連結決算日との間に生じた重要な取引については，連結上必要な調整を行っています。

4　会計方針に関する事項 ···

(1)　重要な資産の評価基準及び評価方法 ·····························

(イ)　有価証券

満期保有目的の債券は償却原価法（定額法），その他有価証券で市場価格のない株式等以外のものは時価法（評価差額は全部純資産直入法により処理し，売却原価は移動平均法により算定），市場価格のない株式等は移動平均法による原価法を採用しています。

(ロ)　デリバティブ

時価法を採用しています。

(ハ)　棚卸資産

主として移動平均法による原価法（貸借対照表価額は収益性の低下に基づく簿価切下げの方法により算定）を採用しています。

(2)　重要な減価償却資産の減価償却の方法 ·························

(イ)　有形固定資産（リース資産を除く）

当社及び国内連結子会社については，定率法を採用していますが，一部の工具，器具及び備品については，経済的陳腐化に応じた耐用年数に基づいて償却しています。ただし，1998年4月1日以降に取得した建物（建物附属設備を除く）並びに2016年4月1日以降に取得した建物附属設備及び構築物については，定額法を採用しています。在外連結子会社については，経済的見積耐用年数による定額法を採用しています。

主な資産の耐用年数は以下のとおりです。

建物及び構築物 ········3～60年

(ロ)　無形固定資産（リース資産を除く）

定額法を採用しています。なお，自社利用のソフトウェアについては，社内における利用可能期間（主に5年）に基づいて償却しています。

（ハ）　リース資産

　　　所有権移転外ファイナンス・リース取引に係るリース資産

　　　リース期間を耐用年数とし，残存価額を零とする定額法を採用しています。

（3）　重要な引当金の計上基準 ……………………………………………

（イ）　貸倒引当金

　　　当社及び国内連結子会社では，債権の貸倒れによる損失に備えるため，一般債権については，貸倒実績率による計算額を，貸倒懸念債権等特定の債権については，個別に回収可能性を検討し回収不能見込額を計上しています。在外連結子会社では，個別に債権の回収可能性を検討し回収不能見込額を計上しています。

（ロ）　賞与引当金

　　　当社及び一部連結子会社では，従業員に対して支給する賞与に充てるため，支給見込額に基づき計上しています。

（ハ）　取締役報酬引当金

　　　当社では，取締役（監査等委員及び社外取締役を除く）に対して支給する報酬の支出に備えて，支給見込額基準により計上しています。

（4）　退職給付に係る会計処理の方法 ……………………………………

①　退職給付見込額の期間帰属方法

　退職給付債務の算定にあたり，退職給付見込額を当連結会計年度末までの期間に帰属させる方法については，給付算定式基準を採用しています。

②　数理計算上の差異及び過去勤務費用の費用処理方法

　数理計算上の差異及び過去勤務費用については，発生年度に一括処理しています。

③　小規模企業等における簡便法の採用

　一部連結子会社は，退職給付に係る負債及び退職給付費用の計算に，退職給付に係る期末自己都合要支給額を退職給付債務とする方法等を用いた簡便法を採用しています。

なお，当社の確定給付企業年金制度については，年金資産が退職給付債務を上回っているため，「退職給付に係る資産」として投資その他の資産に計上しています。

（5） 重要な外貨建の資産又は負債の本邦通貨への換算の基準

外貨建金銭債権債務は，決算日の直物為替相場により円貨に換算し，換算差額は損益として処理しています。なお，在外連結子会社等の資産及び負債は，決算日の直物為替相場により円貨に換算し，収益及び費用は期中平均相場により円貨に換算し，換算差額は純資産の部における「為替換算調整勘定」に含めています。

（6） のれんの償却方法及び償却期間

主として，5年間の均等償却を行います。ただし，金額的重要性の乏しい場合は，発生年度に全額償却しています。

（7） 連結キャッシュ・フロー計算書における資金の範囲

手許現金，随時引き出し可能な預金及び容易に換金可能であり，かつ，価値の変動について僅少なリスクしか負わない取得日から3か月以内に償還期限の到来する短期投資からなります。

（8） 重要な収益及び費用の計上基準

当社グループでは，ホームエンターテインメントの分野で娯楽製品の開発，製造及び販売等を行っています。具体的には，ホームコンソールゲームのハードウェアやソフトウェア，アクセサリなどの製品を販売しており，また，Nintendo Switch Online などの各種サービスも提供しています。その他，モバイルアプリにおいてサービスやコンテンツの販売をしています。

顧客との契約から生じる収益に関する主要な事業における主な履行義務の内容及び当該履行義務を充足する通常の時点（収益を認識する通常の時点）は以下のとおりです。

（イ）　ゲーム専用機

　　製品又はサービスと引き換えに得ると見込む対価の額を取引価格としており，取引の対価は基本的に履行義務を充足してから1年以内に支払いが見込まれるため，重要な金融要素の影響は含んでいません。基本的には当該対価の額を総額で収益として認識していますが，ダウンロードソフトのうちソフトメーカー様のソフトウェアなどについては，当社グループが受け取る販売手数料の金額を収益として認識しています。

　　ハードウェアやソフトウェア，アクセサリなどの製品の販売に係る収益は，主に顧客の指定する場所へ到着する予定日において支配が顧客に移転し，履行義務が充足されると判断しています。一方，ソフトウェアのうちダウンロードソフトや追加コンテンツについては，顧客が利用可能となる時点において履行義務が充足されると判断しています。そのため，予約販売する場合や追加コンテンツが未配信の場合においては顧客が利用可能となる日まで収益認識を繰り延べています。なお，追加コンテンツのうち複数の配信がある場合は，各配信の独立販売価格を観察可能な情報から見積り，取引価格を各配信に配分しています。また，当社グループが運営するECサイトでの製品やサービスの購入に使用されるチャージ済み残高の非行使部分については，顧客による権利行使パターンと比例的に収益を認識しています。

　　また，当社グループの製品の中には，無償でアップデートをすることが履行義務に含まれる場合があります。そのような場合，アップデート部分の独立販売価格及び顧客がアップデート内容を利用可能となる日を見積り，アップデート部分に配分された取引価格はその日に履行義務が充足されると判断しています。

　　当社グループが提供するサービスのうち，Nintendo Switch Onlineのような有料会員サービスはサブスクリプション期間を通じてサービスが提供されるため，サブスクリプション期間の経過に伴い履行義務が充足されると判断しています。

　　また，当社グループは顧客に将来当社の製品又はサービスと引き換えることができるポイントプログラムを提供しています。製品又はサービスの販売に付

随して発生するポイントについて，行使されると見積もられる部分の独立販売価格を見積もり，取引価格を製品又はサービスとその行使されると見積もられたポイントに配分しています。ポイントプログラムに関しては，そのポイントを顧客が利用した時点で履行義務が充足されると判断しています。

（ロ）　モバイル・IP関連収入等

　　モバイル・IP関連収入等のうち，モバイルアプリの販売については顧客が利用可能となる時点において履行義務が充足されると判断しています。また，モバイルアプリ内で販売するゲーム内通貨については顧客が消費する時点で履行義務が充足されると判断しています。有料会員サービスについては，サブスクリプション期間の経過に伴い履行義務が充足されると判断しています。

　　IP関連収入については基本的に顧客による当社IPの使用に応じて収益を認識しています。

（重要な会計上の見積り）

棚卸資産の評価

（1）　当連結会計年度の連結財務諸表に計上した金額 ·····························

（単位：百万円）

	前連結会計年度	当連結会計年度
棚卸資産	204,183	258,628

（2）　識別した項目に係る重要な会計上の見積りの内容に関する情報 ·············

　　当社グループは，当連結会計年度において，連結貸借対照表上，棚卸資産を258,628百万円計上しています。そのうち製品は182,837百万円であり，製品評価減を16,909百万円含んでいます。

　　棚卸資産の評価方法は，主として移動平均法による原価法（貸借対照表価額は収益性の低下に基づく簿価切下げの方法により算定）を採用しています。当該棚卸資産の評価方法は，過去の販売実績に基づく在庫回転率や市場の状況などに着目し，将来の販売計画の実現可能性を見積もっていますが，当社グループの事業においては，製品のライフサイクルが比較的短いことから，製品の販売可能性について不確実性を伴います。なお，正味売却価額及び回収可能価額が想定よりも

下回った場合あるいは，過去に評価減を計上した製品が販売計画を上回って販売された場合には，棚卸資産の期末残高及び売上原価に影響を及ぼします。

繰延税金資産の評価
(1)　当連結会計年度の連結財務諸表に計上した金額 ······························

（単位：百万円）

	前連結会計年度	当連結会計年度
繰延税金資産	87,996	103,670

(2)　識別した項目に係る重要な会計上の見積りの内容に関する情報 ·············

　　当社グループは，当連結会計年度において，繰延税金資産を103,670百万円計上しています。

　　将来の課税所得を合理的に見積ったうえで，将来課税所得を減算できる可能性が高いと判断した将来減算一時差異について繰延税金資産を計上しています。繰延税金資産の評価は，当社及び日本国内に所在する子会社については日本の企業会計基準に，海外に所在する会社については国際財務報告基準又は米国会計基準に準拠し，事業計画を基礎とした将来の課税所得の見積りに基づいて検討しています。当社は安定的に課税所得が発生しており，将来の著しい経営成績の変化が見込まれないと仮定していますが，当社グループの事業は，幅広い娯楽の中の一分野であり，他の様々な娯楽の趨勢による市場環境の影響を受けるため，将来の課税所得の見積りは，それらの不確実性を前提とした事業計画等に影響を受けます。なお，将来の課税所得の結果が予測と異なる場合には，繰延税金資産の評価が変動し，法人税等調整額に影響を及ぼします。

（表示方法の変更）
　（連結貸借対照表関係）
　　前連結会計年度において，「流動負債」の「その他」に含めていた「前受金」は，金額的重要性が増したため，当連結会計年度より独立掲記することとしました。この表示方法の変更を反映させるため，前連結会計年度の連結財務諸表の組替えを行いました。

この結果，前連結会計年度の連結貸借対照表において，「流動負債」に表示していた「その他」284,836百万円は，「前受金」131,139百万円，「その他」153,696百万円として組み替えました。

（連結損益計算書関係）
　前連結会計年度において，独立掲記していた「営業外費用」の「自己株式取得費用」は，金額的重要性が乏しくなったため，当連結会計年度より「その他」に含めて表示しています。また，前連結会計年度において，「営業外費用」の「その他」に含めていた「有価証券売却損」は，金額的重要性が増したため，当連結会計年度より独立掲記することとしました。この表示方法の変更を反映させるため，前連結会計年度の連結財務諸表の組替えを行いました。
　この結果，前連結会計年度の連結損益計算書において，「営業外費用」に表示していた「自己株式取得費用」250百万円，「その他」201百万円は，「有価証券売却損」42百万円，「その他」409百万円として組み替えました。

（1）　財務諸表 ・・

①　貸借対照表

（単位：百万円）

	前事業年度 （2022年3月31日）		当事業年度 （2023年3月31日）	
資産の部				
流動資産				
現金及び預金	818,458		851,039	
受取手形及び売掛金	※1	251,843	※1	271,602
有価証券	348,601		445,950	
棚卸資産	※2	69,364	※2	49,664
その他	※1	78,062	※1	70,162
貸倒引当金	△2		△3	
流動資産合計	1,566,327		1,688,417	
固定資産				
有形固定資産				
建物	22,297		24,489	
工具、器具及び備品	1,645		2,149	
土地	29,302		34,277	
建設仮勘定	1,256		5,996	
その他	1,183		1,191	
有形固定資産合計	55,685		68,104	
無形固定資産				
ソフトウエア	5,985		7,212	
その他	951		565	
無形固定資産合計	6,937		7,778	
投資その他の資産				
投資有価証券	94,809		86,257	
関係会社株式	36,364		38,844	
関係会社出資金	10,419		10,419	
繰延税金資産	77,550		91,252	
その他	9,490		9,890	
投資その他の資産合計	228,634		236,664	
固定資産合計	291,257		312,547	
資産合計	1,857,584		2,000,964	

	前事業年度 （2022年3月31日）	当事業年度 （2023年3月31日）
負債の部		
流動負債		
支払手形及び買掛金	※1 142,321	※1 138,016
前受金	84,380	101,355
未払金	※1 28,140	※1 33,025
未払法人税等	90,814	71,361
賞与引当金	5,110	3,620
その他	※1 87,616	※1 40,205
流動負債合計	438,383	387,585
固定負債		
取締役報酬引当金	−	133
退職給付引当金	8,155	8,184
その他	598	1,245
固定負債合計	8,754	9,563
負債合計	447,137	397,149
純資産の部		
株主資本		
資本金	10,065	10,065
資本剰余金		
資本準備金	11,584	11,584
その他資本剰余金	−	37
資本剰余金合計	11,584	11,621
利益剰余金		
利益準備金	2,516	2,516
その他利益剰余金		
固定資産圧縮積立金	※4 26	※4 23
別途積立金	860,000	860,000
繰越利益剰余金	712,412	958,279
利益剰余金合計	1,574,955	1,820,819
自己株式	△220,343	△271,049
株主資本合計	1,376,261	1,571,456
評価・換算差額等		
その他有価証券評価差額金	34,186	32,358
評価・換算差額等合計	34,186	32,358
純資産合計	1,410,447	1,603,815
負債純資産合計	1,857,584	2,000,964

② 損益計算書

（単位：百万円）

	前事業年度 （自 2021年4月1日 至 2022年3月31日）	当事業年度 （自 2022年4月1日 至 2023年3月31日）
売上高	※2 1,437,831	※2 1,409,503
売上原価	※2 746,983	※2 772,990
売上総利益	690,847	636,513
販売費及び一般管理費	※1,※2 191,322	※1,※2 207,028
営業利益	499,525	429,484
営業外収益		
受取利息	※2 1,380	※2 10,310
受取配当金	※2 75,688	※2 140,339
為替差益	51,253	46,008
その他	※2 2,460	※2 4,066
営業外収益合計	130,782	200,725
営業外費用		
支払利息	※2 32	※2 0
有価証券償還損	54	−
自己株式取得費用	250	8
その他	12	29
営業外費用合計	349	38
経常利益	629,958	630,172
特別利益		
固定資産売却益	−	23
投資有価証券売却益	347	20
受取和解金	3,300	−
特別利益合計	3,647	44
特別損失		
固定資産処分損	47	304
特別損失合計	47	304
税引前当期純利益	633,557	629,911
法人税、住民税及び事業税	179,292	158,192
法人税等調整額	△8,244	△12,915
法人税等合計	171,047	145,276
当期純利益	462,509	484,634

製造原価明細書

区分	注記番号	前事業年度 (自 2021年4月1日 至 2022年3月31日) 金額 (百万円)	構成比 (%)	当事業年度 (自 2022年4月1日 至 2023年3月31日) 金額 (百万円)	構成比 (%)
Ⅰ 材料費		623,797	98.1	666,977	98.4
Ⅱ 労務費	※1	4,029	0.6	3,570	0.5
Ⅲ 経費	※2	7,850	1.2	7,222	1.1
当期総製造費用		635,678	100.0	677,770	100.0
期首仕掛品棚卸高		3,718		69	
合計		639,396		677,839	
期末仕掛品棚卸高		69		144	
他勘定振替高		33		70	
当期製品製造原価		639,294		677,624	

(注)※1 労務費には次のものが含まれています。

項目	前事業年度	当事業年度
賞与引当金繰入額	615百万円	415百万円

※2 経費には次のものが含まれています。

項目	前事業年度	当事業年度
減価償却費	1,212百万円	1,191百万円
外注加工費	5,050百万円	4,030百万円

（原価計算の方法）

　原価計算の方法は，グループ別（組別）総合原価計算を採用しています。

③ 株主資本等変動計算書

前事業年度（自　2021年4月1日　至　2022年3月31日）

（単位：百万円）

	株主資本			
	資本金	資本剰余金		
		資本準備金	その他資本剰余金	資本剰余金合計
当期首残高	10,065	11,584	1	11,585
当期変動額				
固定資産圧縮積立金の取崩				
剰余金の配当				
当期純利益				
自己株式の取得				
自己株式の処分				
自己株式の消却			△1	△1
株主資本以外の項目の当期変動額（純額）				
当期変動額合計	－	－	△1	△1
当期末残高	10,065	11,584	－	11,584

	株主資本				
	利益剰余金				
	利益準備金	その他利益剰余金			利益剰余金合計
		固定資産圧縮積立金	別途積立金	繰越利益剰余金	
当期首残高	2,516	27	860,000	522,211	1,384,755
当期変動額					
固定資産圧縮積立金の取崩		△1		1	－
剰余金の配当				△240,702	△240,702
当期純利益				462,509	462,509
自己株式の取得					
自己株式の処分					
自己株式の消却				△31,607	△31,607
株主資本以外の項目の当期変動額（純額）					
当期変動額合計	－	△1		190,200	190,199
当期末残高	2,516	26	860,000	712,412	1,574,955

	株主資本		評価・換算差額等		純資産合計
	自己株式	株主資本合計	その他有価証券評価差額金	評価・換算差額等合計	
当期首残高	△156,851	1,249,555	32,392	32,392	1,281,948
当期変動額					
固定資産圧縮積立金の取崩		－			
剰余金の配当		△240,702			△240,702
当期純利益		462,509			462,509
自己株式の取得	△95,100	△95,100			△95,100
自己株式の処分		－			
自己株式の消却	31,608	－			
株主資本以外の項目の当期変動額（純額）			1,793	1,793	1,793
当期変動額合計	△63,492	126,706	1,793	1,793	128,499
当期末残高	△220,343	1,376,261	34,186	34,186	1,410,447

当事業年度（自　2022年4月1日　至　2023年3月31日）

（単位：百万円）

	株主資本			
	資本金	資本剰余金		
		資本準備金	その他資本剰余金	資本剰余金合計
当期首残高	10,065	11,584	—	11,584
当期変動額				
固定資産圧縮積立金の取崩				
剰余金の配当				
当期純利益				
自己株式の取得				
自己株式の処分			37	37
自己株式の消却				
株主資本以外の項目の当期変動額（純額）				
当期変動額合計	—	—	37	37
当期末残高	10,065	11,584	37	11,621

	株主資本				
	利益剰余金				
	利益準備金	その他利益剰余金			利益剰余金合計
		固定資産圧縮積立金	別途積立金	繰越利益剰余金	
当期首残高	2,516	26	860,000	712,412	1,574,955
当期変動額					
固定資産圧縮積立金の取崩		△2		2	—
剰余金の配当				△238,770	△238,770
当期純利益				484,634	484,634
自己株式の取得					
自己株式の処分					
自己株式の消却					
株主資本以外の項目の当期変動額（純額）					
当期変動額合計	—	△2	—	245,866	245,864
当期末残高	2,516	23	860,000	958,279	1,820,819

	株主資本		評価・換算差額等		純資産合計
	自己株式	株主資本合計	その他有価証券評価差額金	評価・換算差額等合計	
当期首残高	△220,343	1,376,261	34,186	34,186	1,410,447
当期変動額					
固定資産圧縮積立金の取崩		—			—
剰余金の配当		△238,770			△238,770
当期純利益		484,634			484,634
自己株式の取得	△50,725	△50,725			△50,725
自己株式の処分	19	56			56
自己株式の消却		—			—
株主資本以外の項目の当期変動額（純額）			△1,827	△1,827	△1,827
当期変動額合計	△50,705	195,195	△1,827	△1,827	193,367
当期末残高	△271,049	1,571,456	32,358	32,358	1,603,815

【注記事項】

（重要な会計方針）

1 資産の評価基準及び評価方法 ………………………………………………

（1） 有価証券 ……………………………………………………………………

① 満期保有目的の債券

償却原価法（定額法）

② 子会社株式及び関連会社株式

移動平均法による原価法

③ その他有価証券

市場価格のない株式等以外のもの

時価法

（評価差額は全部純資産直入法により処理し，売却原価は移動平均法により算定しています。）

市場価格のない株式等

移動平均法による原価法

（2） デリバティブ ………………………………………………………………

時価法

（3） 棚卸資産 ………………………………………………………………………

主として移動平均法による原価法（貸借対照表価額は収益性の低下に基づいて簿価を切下げる方法により算定しています。）

2 固定資産の減価償却の方法 ……………………………………………………

（1） 有形固定資産（リース資産を除く） ………………………………………

定率法

（一部の工具，器具及び備品については，経済的陳腐化に応じた耐用年数に基づいて償却しています。）

ただし，1998年4月1日以降に取得した建物（建物附属設備を除く）並びに

2016年4月1日以降に取得した建物附属設備及び構築物については，定額法を採用しています。主な資産の耐用年数は以下のとおりです。

　　建物 ………3～50年

（2）　無形固定資産（リース資産を除く）

　定額法なお，自社利用のソフトウェアについては，社内における利用可能期間（主に5年）に基づいて償却しています。

（3）　リース資産

　所有権移転外ファイナンス・リース取引に係るリース資産
　リース期間を耐用年数とし，残存価額を零とする定額法を採用しています。

3　外貨建の資産及び負債の本邦通貨への換算基準

　外貨建金銭債権債務は，決算日の直物為替相場により円貨に換算し，換算差額は損益として処理しています。

4　引当金の計上基準
（1）　貸倒引当金

　債権の貸倒れによる損失に備えるため，一般債権については，貸倒実績率による計算額を，貸倒懸念債権等特定の債権については，個別に回収可能性を検討し回収不能見込額を計上しています。

（2）　賞与引当金

　従業員に対して支給する賞与に充てるため，支給見込額に基づき計上しています。

（3）　取締役報酬引当金

　取締役（監査等委員及び社外取締役を除く）に対して支給する報酬の支出に備えて，支給見込額基準により計上しています。

（4）　退職給付引当金 ··

　従業員の退職給付に備えるため，当事業年度末における退職給付債務及び年金資産の見込額に基づき計上しています。

　退職給付引当金及び退職給付費用の処理方法は以下のとおりです。

①　退職給付見込額の期間帰属方法

　退職給付債務の算定にあたり，退職給付見込額を当事業年度末までの期間に帰属させる方法については，給付算定式基準を採用しています。

②　数理計算上の差異及び過去勤務費用の費用処理方法

　数理計算上の差異及び過去勤務費用については，発生年度に一括処理しています。

　なお，当事業年度において，確定給付企業年金制度については，年金資産が退職給付債務を上回っているため，前払年金費用として投資その他の資産の「その他」に計上しています。

5　収益及び費用の計上基準 ··

　当社は，「収益認識に関する会計基準」（企業会計基準第29号2020年3月31日）等を適用し，約束した財又はサービスの支配が顧客に移転した時点で，当該財又はサービスと交換に受け取ると見込まれる金額で収益を認識することとしています。なお，顧客との契約から生じる収益を理解するための基礎となる情報については，連結財務諸表「第5経理の状況1連結財務諸表等（1）連結財務諸表注記事項（連結財務諸表作成のための基本となる重要な事項）4会計方針に関する事項（8）重要な収益及び費用の計上基準」と同一の内容になるため，詳細は省略しています。

（重要な会計上の見積り）

　繰延税金資産の評価

（1）　当事業年度の財務諸表に計上した金額 ·······································

（単位：百万円）

	前事業年度	当事業年度
繰延税金資産	77,550	91,252

（2）　識別した項目に係る重要な会計上の見積りの内容に関する情報 ············

　当社は，当事業年度において，繰延税金資産を91,252百万円計上しています。なお，内容については，連結財務諸表「第5経理の状況1連結財務諸表等（1）連結財務諸表注記事項（重要な会計上の見積り）繰延税金資産の評価」に記載しています。

第2章

エンタメ・レジャー業界の
"今"を知ろう

企業の募集情報は手に入れた。しかし，それだけでは
まだ不十分。企業単位ではなく，業界全体を俯瞰する
視点は，面接などでもよく問われる重要ポイントだ。
この章では直近1年間のレジャー業界を象徴する重大
ニュースをまとめるとともに，今後の展望について言
及している。また，章末にはレジャー業界における有
名企業（一部抜粋）のリストも記載してあるので，今
後の就職活動の参考にしてほしい。

エンタメ・レジャー 業界の動向

> 「レジャー」とは，ゲーム，テーマパーク，劇場，映画館，旅行，ホテル，パチンコ，スポーツ・フィットネスなど，人々の余暇に関する業界である。景気に左右されやすく，時代を色濃く反映するのが特徴である。

❖ ゲーム業界の動向

　現在のゲームの形態は，スマートフォンで遊ぶスマホゲーム，専用機で遊ぶ家庭用ゲーム，そしてパソコンで遊ぶPCゲームに大別される。現行の家庭用ゲームハードはソニーグループの「プレイステーション5」，任天堂の「ニンテンドースイッチ」，そしてマイクロソフトの「XboxSeriesX/SeriesS」の3機種があげられる。2022年の国内ゲーム市場は2兆5923億，世界では24兆8237億円にもなる。

●ポケモン，ゼルダら人気シリーズがヒット

　かつてのゲーム業界では，販売されたゲームソフトは専用の家庭用ハードで遊ぶことが前提であった。1990年代では初代「プレイステーション」とセガの「セガサターン」で激しいシェア争いが起きたが，「ドラゴンクエスト」「ファイナルファンタジー」といった人気タイトルを独占したプレイステーションがシェアを勝ち取り，後の「プレイステーション2」の時代までソニーの一強体制を作り上げた。

　2023年現在では，ダウンロード版の販売が増えたこともあり，ひとつのタイトルが各種ハードにまたがって発売されることも多くなった。そんな中，任天堂は「マリオ」「ポケモン」「ゼルダ」などの独自タイトルを多く抱えている。2022年11月に発売された「ポケットモンスタースカーレット・バイオレット」，2023年5月発売の「ゼルダの伝説　ティアーズ　オブ　ザ　キングダム」などはニンテンドースイッチ専用タイトルながらも発売3日間で

1000万本を売り上げた。2017年に発売されたニンテンドースイッチ自体の販売台数は低下しているが，年間プレイユーザー数は増加している。

ソニーグループはプレイステーション5が好調。発売当初は品薄から転売問題が話題となったが，2023年には安定した供給が確立されている。2023年11月には旧来からの性能はそのままで，30%以上の軽量化をはかった新型プレイステーション5と，携帯機として「PlayStation Portal リモートプレーヤー」を発売した。

●スマホゲームは中国の台頭が目立つ

専用ハードを買い求める必要がある家庭用ゲーム機と異なり，誰もが手にするスマートフォンを使用するモバイルゲームは，その手に取りやすさから普段ゲームをしないカジュアル層への訴求力を強く持つ。

2021年にリリースされたサイゲームス「ウマ娘 プリティダービー」は社会現象ともいえる大ヒットを記録，2022年も894億円を売り上げ，これはモバイルゲーム全体の2位であった。モバイルゲーム売り上げ1位はモバイルゲーム黎明期にリリースされたMIXIの「モンスターストライク」で，933億円を売り上げた。同じく黎明期のタイトルであるガンホーの「パズル＆ドラゴン」も422億円と4位の売り上げで息の長さを感じさせる。

近年，モバイルゲーム業界では中国企業の台頭が目立つ。miHoYoの「原神」やネットイースの「荒野行動」などはランキングトップ10内におり，今後ますます競争が激化していくと思われる。

❖ テーマパーク業界の動向

テーマパーク業界は，新型コロナウイルスの影響を多大に受けた。東京ディズニーリゾートは，2020年2月29日から6月末まで丸4カ月以上の臨時休園に踏み切った。ユニバーサル・スタジオ・ジャパンも6月初旬から3カ月以上休業・ほかの遊園地や動物園・水族館も程度の違いはあれど，休園措置を余儀なくされた。

2021年から徐々に営業を再開し，2023年は本格回復を見せたが，依然，入場者数はコロナ前の水準には届いていない。各社は価格改訂をはかり，客単価をあげる方向にシフトしてきている。

●大手２社，新アトラクション，新サービスでリピーターを確保

　最大手のオリエンタルランドは，2017年４月から東京ディズニーリゾートの大規模改装，新規サービスの開始に着手した。2018年は東京ディズニーリゾートの35周年にあたる年で，ディズニーランドでは新しいショーやパレードがスタートしているほか，「イッツ・ア・スモールワールド」がリニューアルされた。2019年には，ディズニーシーに新しいアトラクションとして「ソアリン：ファンタスティック・フライト」が誕生した。2020年９月にはディズニーランドで映画「美女と野獣」「ベイマックス」などをテーマにした新施設をオープンした。また，2024年にはディズニーシーで新エリア「ファンタジースプリングス」はオープンする予定。「アナと雪の女王」「塔の上のラプンツェル」「ピーター・パン」の世界観を再現した４つのアトラクションによる３エリアが用意される。

　ユニバーサル・スタジオ・ジャパンも，2018年に「ハリー・ポッター・アンド・ザ・フォービドゥン・ジャーニー完全版」をスタートし，子供向けの『プレイング・ウィズ・おさるのジョージ』，『ミニオン・ハチャメチャ・アイス』の２つのアトラクションを追加。新パレード「ユニバーサル・スペクタクル・ナイトパレード」の開催のほか，「ウォーターワールド」もリニューアルされた。2021年には，任天堂と提携して「スーパーマリオ」をテーマとしたエリアをオープン。投資額は約500億円で「ハリー・ポッター」を超える規模となる。

　また，オリエンタルランド，ユニバーサル・スタジオ・ジャパンともに，新サービスとして有料でアトラクションの待ち時間を短縮することができるチケットを販売。客単価を上げることで収益を上げることに成功している。

●ムーミンやアニメ，新規開業も続々

　地方でもテーマパークの新設が続いている。2017年には名古屋に「レゴランド・ジャパン」がオープンしたが，2018年，隣接地に水族館「シーライフ名古屋」とホテルが追加され，レゴランド・ジャパン・リゾートとなった。また，ムーミンのテーマパーク「Metsa（メッツァ）」が埼玉県飯能に開設される。メッツァは，北欧のライフスタイルが体験できる「メッツァビレッジ」とムーミンの物語をテーマにした「ムーミンバレーパーク」の２エリアで構成され，「メッツァビレッジ」は2018年秋，「ムーミンバレーパーク」は2019年春にオープンした。

　2020年には香川県のうたつ臨海公園内に四国エリアで最大級となる水族

館「四国水族館」がオープンした。2022年には，愛知万博会場の愛・地球博記念公園内に人気アニメ「もののけ姫」や「ハウルの動く城」といったジブリの世界観を楽しめるテーマパーク「ジブリパーク」が開業。ジブリパークは5つのエリアで構成されている。「青春の丘」エリアは『耳をすませば』『ハウルの動く城』がモチーフに。「もののけの里」エリアは『もののけ姫』をテーマにしたエリアで，「魔女の谷」エリアは『ハウルの動く城』や『魔女の宅急便』をテーマにした遊戯施設が用意される予定。「どんどこ森」エリアは，現在「サツキとメイの家」が建っている同公園内の場所が該当し，『となりのトトロ』をテーマにしたエリアになっている。また，「ジブリの大倉庫」エリアは映像展示や子どもの遊び場施設になっている。

　11月のオープン当初は1日の入場者数が5000人前後に抑えられていることもあり，チケットの入手が非常に困難な状況に。数ヶ月先まで予約で埋まる大盛況となっている。

❖ 旅行業界の動向

　「21世紀最大の産業は，観光業」という見方もあるほど，旅行業界は世界的な成長産業である。国連世界観光機構（UNWTO）によると，2019年の世界の海外旅行者数は，前年比6％増の14億人となり，9年連続で増加した。UNWTOの長期予測では，2020年に年間14億人に，2030年には18億人に拡大するとされていたが，それよりも2年早く実現したことになる。新型コロナウイルス禍で大打撃を受けた旅行業界だが，コロナ5類移行を受けて，順調に回復してきている。

　国内については，観光庁によると，2022年度の国内旅行消費額は18.7兆円まで回復した。2022年6月には政府が訪日客の受け入れを再開。入国者数の上限制度など一部では引き続き水際対策が続くものの，2023年からは正常化が見込まれている。

　国内旅行会社が扱う商品は，個人・法人向けとして，国内・海外旅行などのパッケージツアーや，個々の希望に応じて宿や交通機関の手配を行う企画旅行が中心となる。わずかな手数料がおもな収入源のため，店舗を構えて担当者が対応する店舗型では店舗の運用費や人件費の負担が高くなっている。

●ネット専門旅行業の急成長に，大手も対抗

　ネット通販の拡大とともに，旅行業界においてもOTA（Online Travel Agent）が台頭している。ホテル予約について世界市場を見ると，米国では，OTA経由とホテル直販がほぼ半数ずつなのに対して，アジアでは約7割がOTA経由になっている。国内でも，2大OTAの「楽天トラベル」とリクルートの「じゃらんネット」をはじめ，エクスペディア，ホテルズ.comなどの外資系も続々と参入している。また近年は「トリバゴ」や「トリップアドバイザー」といった，ネット予約サイトを横断的に検索してホテルや航空券の価格を比較する「メタサーチ」を提供するサイトの存在感が高まっている。2017年7月には，メタサーチ大手「カヤック」が日本への本格進出した。

　こういった動向を受けて，大手各社は組織再編に乗り出している。JTBは，2017年4月に事業再編を発表。地域別・機能別に分散していた15社を本社に統合し，個人・法人・グローバルの3事業を軸に組織化した。一方，KNT-CTホールディングス（近畿日本ツーリストとクラブツーリズムの統合会社）は，JTBと正反対の戦略を示す。同時期に発表されたKNT-CTの構造改革では，これまで団体や個人といった旅行形態に合わせていた事業を，新たに地域ごとに子会社を設け，地域密着で旅行に関連する需要を取り込んでいくという。HISは2016年11月に新体制に移行し，グローバルオンライン事業を既存旅行事業から切り離した。そのねらいは「世界に通用するOTAを視野に入れた，新たなビジネスモデルを構築」だという。

　また，各社とも，所有資源を有効活用しつつ，旅行に限定しない幅広いサービスの開拓も積極的に行っている。JTBは2013年に，企業，地方自治体の海外進出をサポートする事業「LAPTA」を立ち上げ，海外進出の際の市場調査や，商談会・展示会など販路拡大の機会創出，駐在員の生活支援といったサービスの提供を始めた。HISも2015年より市場調査などのサポートを行う「HISビジネス展開支援サービス」を始めていたが，2018年からはこの事業をさらに強化した「Global Business Advance」サービスの提供を始めた。海外展開支援のための企業マネジメントや各種コンサルティング，実務支援，現地進出のサポートやビジネス展開の支援サービスを提供する。まずはトルコを皮切りに，今後は同社の世界70カ国の拠点でサービスを展開するという。

❖ スポーツ用品業界動向

　国内スポーツ用品市場は，健康志向によってスポーツへの関心が高まり，微増傾向が続いている。矢野経済研究所によれば，2022年の市場規模は1兆6529億円と見込まれている。

　業界1位のアシックスは，シューズメーカーとしてスタートし，スポーツシューズに強みを持っていたことから，経営資源の大半をランニングシューズに集中させ，業績を好転させている。広告塔となる選手を設けず，世界各地のマラソン大会のスポンサーとなり，市民ランナーへ向けてブランドを訴求。この地道な販促は，ロンドン，ボストン，東京など世界の主要なマラソン大会において，2時間台で完走した上級参加者のシューズは，5割以上がアシックスという結果につながっている。一方，業界2位のミズノは，トッププロ選手やチームとの契約を重視し，野球やゴルフなど特定の競技に依存したことで，好調の波に乗り遅れた。しかし近年は，競技重視のマーケティングを転換し，より裾野が広いカジュアル系ブランドとしての訴求を目指している。

●海外に目を向ける各社　アシックスの海外売上高比率は8割

　国内スポーツ大手は，少子高齢化による競技スポーツ市場の縮小を見越して，海外進出にも積極的に取り組んでいる。アシックスは2012年に，子会社のアシックスジャパンを設立して国内事業を移管，本体のアシックスは海外事業を主軸に据えた。「世界5極体制」といったグローバルな体制を敷き，日本以外に，米国，欧州，オセアニア，東アジア地域で幅広く展開したことで，現在では，海外売上高比率が約80％を占めている。業界3位のデザントは，韓国を中心にアジアで売上を伸ばしており，海外売上高比率は53％まで伸びている。2016年には，中国で合弁会社を設立。2018年には，韓国・釜山にシューズの研究開発拠点を新設したほか，米国アトランタに新規子会社を設立して，アスレチックウェアやゴルフウェアの市場競争力を強化する。また，欧米に強い事業基盤を有するワコールと包括的業務提携を締結し，自社の強みのアジアとそれぞれ補完することで，世界展開の加速を図っている。

●ライフスタイル需要が伸びるなか，ミズノはアスレジャーに期待

アスレジャーとは，アスレチックとレジャーを組み合わせた造語で，エクササイズをするような機能性の高いスポーツウェアで構成されたファッションスタイルのこと。これまでもスポーツミックスといわれる，スポーティなアイテムとフォーマルよりのアイテムを組み合わせるファッションはあったが，アスレジャーはよりスポーツ色が強い。

2014年以降，ナイキがレディス市場を強化したことでレディースファッションとして火がついた。その後，メンズにも広がり，日本でも取り入れる若者が増えてきている。スポーツ関連企業がレディス市場の開拓を強化する動きは珍しいものではなく，2000年以降，継続して見られる動きといえる。米国では2020年にアスレジャー市場は約1000億ドル（約10兆円）になるとの予測もある。この市場で先行しているのは，ナイキやアディダスといった海外メーカーだが，国内のスポーツメーカーも新たな市場として注目している。

米国ではアスレチックの傾向が強いが，日本ではカジュアル色の強い傾向が見える。もともとフィットネスクラブやヨガスタジオのなかで着るウェアがメインとなっており，機能性だけでなく，素材や色にもこだわった商品が好まれる。ライフスタイル需要の流れに乗り遅れていたミズノは，2016年から新ブランド「ミズノスポーツスタイル」や「M-LINE」，「WAVE LIMB」を投入し，タウンユース向けのアパレルやシューズを展開して挽回を図っている。2017年には，ナノ・ユニバースやマーガレット・ハウエルとのコラボ商品を発売し，話題を呼んだ。また，2018年には，ファミリー向けファッションブランドのコムサイズム（COMME CA ISM）とのコラボ商品も発売している。機能素材を使い，家族で身体を動かす楽しさを提案する商品群となっており，親子やパートナー同士でのリンクコーデが楽しめる。

アスレジャーでは，機能性をもつウェアが選ばれるため，アパレル大手のユニクロも機能素材とファッション性を武器に，この市場に参入している。アスレジャーはあくまでファッションのトレンドであるため，当然ながら，ファッション性が求められる。機能性をアピールするだけで注目された競技スポーツ向けとは大きく異なる。スポーツメーカーには，いかに消費者に目を向けさせるか，購買意欲を高めるか，販売網も含めた工夫が求められる。

エンタメ・レジャー業界

直近の業界各社の関連ニュースを
ななめ読みしておこう。

沖縄に大型テーマパーク25年開業　USJ再建の森岡氏主導

ユニバーサル・スタジオ・ジャパン（USJ、大阪市）の再建で知られる森岡毅氏率いるマーケティング会社の刀（同市）は27日、沖縄県で自然体験を軸にした大型テーマパークを2025年に開業すると発表した。

名称は「JUNGLIA（ジャングリア）」。世界自然遺産の森林「やんばる」に近い沖縄本島北部の今帰仁（なきじん）村と名護市にまたがるゴルフ場跡地で23年2月から工事を進めている。面積は60ヘクタールほど。50ヘクタール前後の東京ディズニーランド（TDL、千葉県浦安市）や東京ディズニーシー（TDS、同）、USJを上回る。

刀の最高経営責任者（CEO）の森岡氏は東京都内で開いた記者会見で「沖縄は世界一の観光のポテンシャルがある」と述べた。観光客が旅先での体験価値を最大化できるよう「パワーバカンス」をコンセプトに掲げ、「都会では味わえない本物の興奮と本物のぜいたくを組み合わせた」と語った。

アトラクションは気球に乗り込み眼下のジャングルやサンゴ礁の海を見渡せる遊覧や、装甲車に乗り込んで肉食恐竜から逃げるスリルを楽しめるサファリライドといった「人間の本能を貫通する」（森岡氏）体験を提供する。森林に囲まれたスパやレストランなど静かな時間を過ごせる空間も用意する。

空路で4～5時間ほどの圏内に20億人超の市場を抱える地の利を生かし、伸び代が大きいインバウンド（訪日外国人）も呼び寄せる。

（2023年11月27日　日本経済新聞）

個人消費、レジャー下支え　コンサートは15％増

レジャー消費が個人消費を下支えしている。2023年の映画の興行収入は歴代

3位のペースで推移し、音楽チケットの販売は新型コロナウイルス禍前の18年度を上回る。国内旅行も堅調だ。新型コロナの感染症法上の分類が「5類」に移行してまもなく半年。相次ぐ値上げで食品の支出が落ち込むなかで、レジャー関連の強さが目立っている。

チケット販売大手のぴあによると、23年4〜8月の音楽チケットの販売枚数はコロナ前の18年同期比約15%増となった。「アリーナの開業が相次ぎ、大規模公演が増えていることも好材料となっている」（同社）

映画も好調だ。日本映画製作者連盟によると、23年1〜8月の配給大手12社の興収は前年同期比12.8%増の1442億円だった。同期間としては歴代3位の水準だ。「ザ・スーパーマリオブラザーズ・ムービー」といったヒット作に恵まれたこともあり、「コロナ前にほぼ戻った」（同連盟）。

国内旅行は一段と回復している。東海道新幹線の10月の利用者数は11日時点で、18年同期比96%で推移する。土休日に限れば同100%だ。88%だった8月全体よりも高水準だ。西武・プリンスホテルズワールドワイドの10月の室料収入（一部施設）は18年同月比で約1.4倍の見通しだ。

日本生産性本部（東京・千代田）が26日公表した「レジャー白書」によると、レジャー産業の22年の市場規模は前の年に比べ12.7%増の62兆8230億円だった。コロナ禍の20年に55兆2040億円まで落ち込んだが着実に回復し、18年比では9割弱の水準まで回復した。「23年はコロナ前の水準（約70兆円）に近づくだろう」（日本生産性本部）

総務省の家計調査によると、2人以上の世帯の消費支出は実質ベースで8月まで6カ月連続で前年同月を下回った。一方で、ツアーなどのパック旅行支出は同53.7%増（推計）と21カ月連続で増加。物価高で食品への支出が抑えられているのと対照的に、消費者のレジャーへの支出意欲は高い。ゴルフ場運営のリソルホールディングスでは4〜9月の客単価が19年同期に比べて2割弱上昇した。

（2023年10月26日　日本経済新聞）

ゲーム開発に生成AI　コスト3分の1で、著作権侵害懸念も

ゲーム業界に生成AI（人工知能）の波が押し寄せている。人材や資金に限りがあるゲーム制作のスタートアップでは、シナリオ構成やキャラクターデザインなどでフル活用し、開発コストを従来の3分の1に抑える企業もある。ただ、生成AIが生み出したコンテンツが著作権を侵害する懸念もあり、ゲーム大手は

導入に慎重だ。

「どの部分で生成AIを使っているんですか」。現在開催中の世界最大級のゲーム見本市「東京ゲームショウ（TGS）2023」の会場で、開発スタッフわずか4人のスタートアップ、AI Frog Interactive（東京・目黒）のブースに並ぶゲームが注目を集めた。

フィールドを歩き回る一見普通のゲームだが、キャラクターのデザイン案に画像生成AIを使い、シナリオ案を出したりキャラクターを動かすコードを書いたりするのには対話型AIを活用した。新清士最高経営責任者（CEO）は「開発コストと期間が3分の1で済むため、同じ予算でより凝ったものを早くつくれる」と話す。

AIはあくまで案を出す役で、最終的には人の手を入れる。回答が不完全なものが多いうえ、実在する作品と酷似するといった著作権侵害のリスクを減らすためだ。新氏は数年後にはゲーム業界で生成AIの利用が当たり前になるとみており、「大手が本腰を入れる前に実用化してリードしておきたい」と話す。

近年、大型ゲームの開発費用は100億円を超えることも多く、完成まで5年ほどかかるケースもある。技術の進歩でビジュアルなども高度になり作業が大幅に増加したからだ。生成AIを使えば、経営資源が乏しいスタートアップも大型ゲームに匹敵する作品を生み出せる可能性がある。

ゲーム向けAIを開発するモリカトロン（東京・新宿）は7月、生成AIで制作したミステリーゲーム「Red Ram」を発表した。ユーザーがゲーム内で入力した設定などをもとに、シナリオ構成やキャラクター、背景画像などを生成AIが創作する。3人のエンジニアで制作にかかった期間は約3カ月。従来に比べて工数を約4割削減できたという。

東京ゲームショウでは生成AIをテーマにした対談も開催された。サイバーエージェント傘下のCygamesは、ゲーム内の不具合を自動で検知する活用事例を披露。将来は生成AIと人がどう役割分担すべきかなどを議論した。

もっとも、生成AIの活用に慎重な企業は大手を中心に多い。対談に登壇したスクウェア・エニックスAI部の三宅陽一郎氏は「外注先などとの摩擦が少ない小規模開発の現場では導入が早いだろう」と指摘。バンダイナムコスタジオの長谷洋平氏は校閲システムなどで生成AIの技術を使っていると明かしたうえで「著作権などのリスクに対して議論があり、それらを無視して活用できない」と語った。

あるゲーム国内大手の幹部は「各社が互いの出方を見ている段階だ」と話す。海外ではゲームに生成AIを組み込んでいることを理由に大手プラットフォーム

での配信を拒否されたとする事例も報告された。生成AIがつくったものが著作権を侵害することを懸念した動きとみられる。

データ・AI法務が専門のSTORIA法律事務所の柿沼太一弁護士は、著作権侵害などのリスクを回避するため「学習したデータと比較して不適切なものが生成されないような技術的な仕組みなどが必要だ」と指摘する。

（2023年9月22日　日本経済新聞）

東京ゲームショウ開幕　携帯型ブーム再来、ASUSなど

21日開幕した世界最大級のゲーム見本市「東京ゲームショウ（TGS）2023」では、台湾の華碩電脳（エイスース、ASUS）などが出展した携帯ゲーム機が話題を集めた。人気のオンラインゲームを外出先でも楽しめる。据え置き型を展開するソニーグループの戦略にも影響を及ぼしている。

会場の幕張メッセ（千葉市）では開場前に1300人以上の長蛇の列ができ、英語のほか中国語、韓国語が多く聞こえた。開場後、ゲームが試せるブースの中には一時30分待ちとなる列もあった。

ゲームショウの主役は通常、各社が競って披露するゲームソフトだ。今回は1700点以上が出展された。ただ、今年は最新のゲーム用パソコン（PC）などハード機器を展示するコーナーが初めて登場した。操作の反応が早いなど、ゲーム体験の満足感を左右するような高い性能をうたうゲーム機が並ぶ。米デル・テクノロジーズや米インテルもPCゲーム端末を出展し、中国スタートアップによる携帯ゲーム機も目立った。

国内大手ゲーム会社ではバンダイナムコエンターテインメントやスクウェア・エニックス、セガなどが出展し、話題のゲームにちなんだ展示や試遊を行った。海外からは中国ゲームの網易（ネットイース）のゲーム部門も初出展した。

会場で特に注目を集めたのが、ASUSの携帯ゲーム機「ROG Ally（アールオージーエイライ）」だ。任天堂の「ニンテンドースイッチ」より一回り大きく、7インチ液晶の左右にあるコントローラーを操作して遊ぶ。上位機種の価格は約11万円と値は張るが「6月の発売後、想定の3倍を既に出荷している」（ASUS）という。同ゲーム機は米マイクロソフトのPC向け基本ソフト（OS）「ウィンドウズ11」や高性能半導体を搭載し、デスクトップ型PC並みの性能を誇る。

中国レノボ・グループは今回のゲームショウに出展しなかった初の携帯ゲーム機「レノボ・レギオン・ゴー」を近く発売する。ASUSより大きい8.8インチの液晶

を搭載。ゲーム画面を美しく表示する性能が高い。

ASUS製もレノボ製も外出先で遊べる手軽さとともに、ハードとしての高い性能も売りとし、スマートフォンのゲームでは物足りないと感じるユーザーらも取り込む狙いだ。ASUSの日本法人、ASUSJAPANのデイビッド・チュー統括部長はROG Allyについて「（ゲームの）プラットフォームを超えて遊べる。今後も色々なゲームで検証したい」と話す。

ASUSのゲーム機で遊んだ都内から来た18歳の男性は「画面描写がきれいで驚いた。自宅では『プレイステーション（PS）5』で遊んでいるが、携帯型ゲームに興味がわいた」と話した。

ソニーGも21日、自宅にあるPS5のゲームを外出先からスマホ「Xperia（エクスペリア）」上で遊べる技術を披露した。11月にはPS5をWi-Fiでつなぎ、家の別の部屋などで遊べる新しいリモート端末を発売する。

ソニーGにとって、据え置き型のPS5が主力ゲーム機との位置づけは変わらない。ただ、携帯型のような楽しみ方を加えることでユーザーを逃さないよう手を打つ。

ゲーム機の歴史をたどれば、これまでも携帯型が人気だった時代がある。任天堂はファミコンに続いて1980年代末〜2000年代前半まで「ゲームボーイ」で市場を席巻した。現在も持ち運びできる「ニンテンドースイッチ」を販売している。

ソニーGも04年に発売した「プレイステーション・ポータブル（PSP）」など携帯ゲーム機を主力製品と位置づけていたことがあった。いずれもこれらの専用ゲーム機でしか遊べない「看板ソフト」があった。

今回再来した携帯型のブームが従来と異なるのは、1つのソフトを様々なハードで楽しめる「ゲームの汎用化」という大きな流れが背景にあることだ。ASUSやレノボの携帯ゲーム機は、持ち運びできる特徴に加え、1台でPCやスマホ向けのゲームも楽しめる点でスイッチなど専用機とは違う。

2026年の世界ゲーム市場は22年比で約14％増の2490億ドル（約37兆円）に成長する見通し。20〜26年の年平均成長率ではモバイル（3.3％）やPC（1.3％）に比べ、専用機は0.6％と小幅にとどまりそうだ。

専用機が頭打ちの中、関心が集まるのがマイクロソフトの動向だ。同社は「Xbox（エックスボックス）」を展開するが、PCやスマホ向けゲームにも注力し、専用機にはこだわらない戦略はソニーGや任天堂のそれとは異なる。

ゲーム業界に詳しい東洋証券の安田秀樹アナリストは「マイクロソフトは成長するPCゲームを取り込もうとしている」と指摘する。遊ぶ場所もハードも選ばないゲームへのニーズは、ゲーム大手も無視できないほど高まりつつある。

（2022年1月18日　日本経済新聞）

VTuberを株式セミナーに　東洋証券が若年層開拓

東洋証券は株式セミナーにバーチャルユーチューバー（Vチューバー）を活用する取り組みを始めた。Vチューバーとも親和性の高いゲーム業界について担当アナリストとVチューバーが対話しながら業界を解説する。若者から人気のあるVチューバーとタッグを組み、幅広い層の投資家を開拓したい考えだ。

ゲームセクターを担当する東洋証券の安田秀樹シニアアナリストがVチューバーと対話しながら、業界環境やゲーム事業のイロハを解説する。

第1回のオンラインセミナーを4月に開き、ソニーグループや任天堂の事業などを説明した。7月にも2回目を開催し、2社の歴史やゲームメーカーの生き残り施策に焦点をあてて解説する予定だ。

証券会社のセミナーだが、あえて株や投資の話はしない構成とした。あくまで今回はゲーム業界に興味を持ってもらうことに主眼を置いた。60代以上が大半を占める既存客向けに、投資テーマを解説してきた従来型の株式セミナーとの違いを明確にした。

Vチューバーには「日向猫（ひなたね）めんま」を起用した。従来の株式セミナーは平日の昼間に店舗で開催することが多いが、若年層が視聴しやすい平日の午後8時にオンラインで開催した。第1回セミナーは視聴者の約35％を10～30代が占めるという異例の結果となった。

「証券会社にしては面白いことを企画するなと思った」「2回目も参加したい」。セミナーの参加者からはそんな声が寄せられた。アンケートでは東洋証券の認知度が良くなったと回答した人が8割を超えた。

「証券会社の堅いイメージを払拭しながら、金融リテラシーの底上げを図りたい」。東洋証券の三浦秀明執行役員はセミナーの狙いをこう話す。さらに「投資とは何か」という広いテーマなどでも、同じVチューバーを起用したコラボ動画を今後投入していくという。

政府も「貯蓄から投資へ」というスローガンを掲げ、投資優遇制度である少額投資非課税制度（NISA）の充実を進めている。若年層の証券口座開設も増えつつあるが、その余地はまだ大きい。

Vチューバーはアニメ調の声と2次元や3次元のキャラクターの動きを重ねたもので、若者を中心に人気がある。2016年に人気キャラ「キズナアイ」が動画投稿サイトのユーチューブで登場したのがきっかけで、国内外に広まった。

中国の調査会社のQYリサーチによると、世界のVチューバーの市場規模は28

年に174億ドル（約2兆4800億円）を見込む。21年比で10倍超に拡大する見通しだ。

実際にVチューバーを活用した企業広報の裾野は広がっている。サントリーは自社初の公式Vチューバーを手掛け、製品レビューやゲーム実況などを通じて新たなファン層を獲得している。

証券会社のVチューバー活用については、こうした若い潜在顧客からどのように収益化へつなげるかという課題がある。三浦執行役員は「最終的には企業の投資家向け広報（IR）担当者と若い投資家の橋渡しができるような場を作っていきたい」と話す。

最近では株や投資をテーマにしたユーチューバーなどから情報を得る人も多く、若年層にとって金融資産形成の情報を収集するハードルが低くなってきている。若者が株式投資に興味を持つきっかけに、Vチューバーが一役買う可能性は今後も続きそうだ。　　　　　　　　　　　（2023年7月4日　日本経済新聞）

自動車内のエンタメ、ゲームに熱視線　NVIDIAやソニー

半導体大手の米エヌビディアは自動車にクラウドゲームを導入すると発表した。手始めに韓国現代自動車グループなど3社での搭載を予定する。ソニー・ホンダ連合も米エピックゲームズとの提携を公表した。クルマの電動化や自動運転技術の開発により、車内で過ごす移動時間の過ごし方が注目を集めている。自動車とエンタメ大手の「相乗り」で車内空間のエンターテインメント化が進みそうだ。

「リラックスして楽しめる車内体験を再創造する」。米ラスベガスで開かれたコンシューマー・エレクトロニクス・ショー（CES）で1月3日（現地時間）、エヌビディアのオートモーティブ事業バイスプレジデントを務めるアリ・カニ氏はこう強調した。

クラウドゲームサービス「ジーフォース・ナウ」を自動車にも導入する。まずは、現代自動車グループのほか、中国比亜迪（BYD）やスウェーデンのボルボ・カーズグループのポールスターと搭載を進める。現代自動車は「ヒュンダイ」「キア」などのブランドに搭載し、ポールスターはEV（電気自動車）での活用を進めるという。

翌日にはソニー・ホンダモビリティも車内エンタメで米エピックゲームズとの協業を発表した。水野泰秀会長はエピックを「クルマにおける時間と空間の概念を広げるための重要なパートナー」と持ち上げた。

エピックはゲームや映画を制作するための「アンリアルエンジン」やオンラインゲーム「フォートナイト」を持ち、ゲームの配信プラットフォームも運営する。iPhoneでのゲーム収益を巡っては米アップルと衝突した。クルマのスマホ化を見据え、車内エンタメの覇権取りに手を打ったとみられる。

車内空間へのゲーム配信では米テスラの動きが速い。2022年7月にイーロン・マスク氏がツイッター上で告知した通り、12月に「モデルS」と「モデルX」に米バルブ・コーポレーションのゲーム配信サービス「スチーム」を実装した。独BMWも10月にスイスのNドリームとの提携を発表し、23年からの提供開始を予定する。

エヌビディアやスチームは特定のゲーム機に縛られない環境を整えてきた。PCやモバイルで自由に遊べる仕組みが変革期の自動車産業でも生きている。世界の新車販売台数は21年で8268万台と、年10億台を超えるスマホの出荷台数には遠く及ばないが、家庭用ゲーム機は優に上回る規模だ。富士経済は35年にはEVの新車販売だけで5651万台と予測し、潜在力は大きい。

皮算用通りに進めば、未来の消費者は車内で膨大な時間を持て余す。例えば、EV。日産リーフが積む容量40kWh（キロワット時）の電池を出力3kWで給電するとフル充電に約16時間かかる。一定の走行距離の確保だけでも数十分が必要だ。後部座席の子どもは今も退屈だが、自動運転になれば同乗者すべてが移動時間を持て余す。

エンタメを含むソフトウエアは自動車のビジネスモデルを変える。販売時点で完成品の自動車を作る商売から、販売後の自動車に向けた基本ソフト（OS）更新やエンタメ供給でも稼ぐスマホ型になる。「（ソフトは）顧客に1万ドル以上の価値をもたらし、自動車メーカー側にも新たなソフト収益をもたらす」（エヌビディアのカニ氏）

ゲーム業界も対応を迫られる。ゲームとの接点が家庭用ゲーム機からモバイルに移り変わると、ユーザーが好むゲームソフトも変わった。モビリティーでも車内空間の特徴を生かしたゲームソフトが脚光を集める可能性がある。モバイルで歩きスマホや射幸心をあおる一部の「ガチャ」課金が社会問題になったように、新たな課題が浮上する懸念もある。

一方、家庭用ゲームには台頭するモバイルやPCに劣勢を強いられた過去がある。モビリティーが脚光を浴びる中、業界で存在感が大きいソニー・インタラクティブエンタテインメント（SIE）や米マイクロソフトの動向も注目を集める。

（2023年1月14日　日本経済新聞）

▶ 労働環境

職種：法人営業　　年齢・性別：20代前半・女性

- 仕事量が多いのは，この業界はどこも同様な気がします。
- お客様都合のため，残業せざるを得ない環境にあるといえます。
- 有休は仕事の兼ね合いで取得が可能ですが，取りにくいです。
- 店舗により雰囲気が全く違うので，働く店舗によると思います。

職種：経理　　年齢・性別：50代前半・男性

- 社員は30年戦士がほとんどで，和気あいあいとした環境です。
- 逆にいえば若い社員が少ない環境ということです。
- あと10年以内に今のポジションの社員は全員定年になります。
- なんとか綺麗に引き継ぎ出来る環境を整えてほしいと願っています。

職種：カウンターセールス　　年齢・性別：20代前半・女性

- 仕事はハードですが，繁忙期には波があるので，慣れれば平気です。
- 私のいる部署は残業を良しとしない風潮ため，定時帰社も可能です。
- 部署によっては，遅くまで残業するところもあるようですが。
- お客様都合の仕事のため，特にオンとオフのメリハリが大事です。

職種：販売・接客・ホールサービス　　年齢・性別：20代後半・男性

- 上司との関係もとても良く，結束力もあり社内の雰囲気も良好です。
- 社員同士の仲も良く，よく皆でご飯や飲みに行くことも。
- 上司は日々アドバイスをくれ，キャリアアップを応援してくれます。
- 教育制度がしっかりしているので，とても安心して働けます。

▶ 福利厚生

職種：ルートセールス　　年齢・性別：30代前半・男性

・旅行関係の特典があるなど，福利厚生はとても充実しています。
・試験制度（国家試験を含む）の費用は会社が負担してくれます。
・ツアー割引や，関係協力機関の特典を受けられます。
・旅行へ行く際は航空機運賃や宿泊施設が割引になります。

職種：経理　　年齢・性別：50代後半・男性

・家族手当はありますが住宅補助はなく，福利厚生は不十分です。
・儲かっている会社なので住宅補助は少しあっても良い気がします。
・食事の補助も全くなく，会社だけが潤っている感じが否めません。
・一時金だけではない手当を充実させていってほしいと思います。

職種：販売・接客・ホールサービス　　年齢・性別：20代前半・男性

・住宅補助はとても充実していると思います。
・とても安く社員寮に入れ，単身赴任の場合も広い寮が与えられます。
・築年数は古めですが，立地や広さなど考えると十分満足な環境です。
・ジョブチャレンジ制度もあり，積極的に新しい仕事に挑戦できます。

職種：ホテルスタッフ　　年齢・性別：20代前半・女性

・一般的な大企業がもつ福利厚生は一通りは揃っていると思います。
・産休，育休や時短など，利用している女性は多くいます。
・子どもが生まれても，働き続けることは可能です。
・残業代は部署によってはつけにくい雰囲気があるのも事実です。

▶ 仕事のやりがい

職種：個人営業　　年齢・性別：20代後半・男性

- 提案通りにお客様がオーダーしてくださると，やりがいを感じます。
- お客様に対して何をどう提案すれば満足していただけるか考えます。
- 日頃から新聞やニュースを見て，アンテナを張ることも重要です。
- 努力が結果となって見えやすいので，やる気につながります。

職種：法人営業　　年齢・性別：20代前半・女性

- 誰かと競うのが好きな方にはやりがいがあり，楽しいと思います。
- 社内，他社，営業所で競い合うことができる体育会系の社風です。
- 成績が良いと研修旅行へ行けるため，モチベーションが上がります。
- 希望すれば海外支店への移動もでき，自分の可能性が広がります。

職種：経理　　年齢・性別：20代後半・女性

- 男女の区別は全くなく，結果が全てなのでやりがいがあります。
- まじめに仕事に取り組み，結果を出せば公平に評価される環境です。
- 社内公募制度があり，成績次第で挑戦したい部署へ異動も可能です。
- 私は支店勤務でしたが，営業成績を出し本社への異動を叶えました。

職種：販売・接客・ホールサービス　　年齢・性別：20代後半・男性

- 若手でも部署によってはかなりの裁量を任されます。
- 自由度も高く，自分で仕事を進めたい人には向いていると思います。
- 日本だけでなく世界への発信力も大きいため，刺激があります。
- マニュアル，研修が充実しているため，自身の成長を感じられます。

▶ ブラック？ホワイト？

職種：旅行サービス関連　　年齢・性別：20代後半・女性

- 毎日23時まで残業しているにも関わらず給料は少ないです。
- 勤続年数が長くても，あまり給料はアップしないようです。
- ボーナスは出ない年もあり，クレジットのボーナス払いは危険です。
- 退職金もこれまたほとんどないに等しいので，期待はできません。

職種：個人営業　　年齢・性別：20代後半・女性

- 月に100時間を超える残業をしてもほとんど手当はつきません。
- ノルマ達成は当たり前ですが，それ以上に高い成績を求められます。
- 安い商品ばかり販売しても，売上にならず給料に反映されません。
- 社歴が長くても給料は上がらず，社内結婚した方はほぼ共働きです。

職種：法人営業　　年齢・性別：30代後半・男性

- 昇進試験は適正試験と面接で決まりますが，評価規準が曖昧です。
- 支店長の推薦（押し）と営業本部長の気持ちで変わるようです。
- 実力があっても認められず，ゴマスリがはびこる歪んだ人事制度。
- どのラインにつくかで支店長や，営業本部に入れるかが決まります。

職種：旅行サービス関連　　年齢・性別：20代後半・女性

- 基本給は低く，残業代はみなしで40時間までしか支払われません。
- 年に2回の賞与はしっかりありましたが，微々たるものでした。
- 仕事上では取った数字で評価されますが，給料は売り上げベース。
- 数字的には目標達成でも給料が低い，なんてことはザラです。

▶ 女性の働きやすさ

職種：アミューズメント関連職　　年齢・性別：20代後半・男性

・産休も取れ，女性にとってはかなり働きやすい職場だと思います。
・妊娠中はデスクワーク主体の部署に異動することも可能です。
・出産後落ち着いたら，元の職場に戻ることができます。
・周りの方々も配慮してくれるので，気兼ねなく休むこともできます。

職種：アミューズメント関連職　　年齢・性別：20代後半・男性

・産休はもちろん申請できますし，申請しやすい環境です。
・出産後は自分で復帰のタイミングが決められます。
・出産後に復帰して，時短勤務で仕事を続ける女性は多くいます。
・休暇は申請すればほぼ取得できます。

職種：販売・接客・ホールサービス　　年齢・性別：30代後半・女性

・従業員に女性が多いこともあり女性が働きやすい会社だと思います。
・産休なども取得しやすく，職場復帰も問題なくできています。
・これまでに同僚が5名ほど産休を取得し，無事復帰してきました。
・女性のキャリアパスについてもだいぶ整ってきていると思います。

職種：販売・接客・ホールサービス　　年齢・性別：30代後半・男性

・産休や育休などの制度も整っており，女性は働きやすいと思います。
・産前産後，育児休暇などは申請すれば必ず取得できます。
・出産ギリギリまで働いて，産後落ち着いてから復帰する方もいます。
・妊娠が発覚した時点で体に負担のない仕事内容に変更されることも。

▶ 今後の展望

職種：法人営業　　年齢・性別：30代後半・男性

- 時代遅れの戦略や使いづらいシステム導入など無駄が多いため，今後，東京本社主導で事業の再建が進められると思われます。
- ビジネスモデルが崩壊しているのに今だ営業スタイルを変えません。
- 今後業績は向上すると思いますが，給与は下がっていくでしょう。

職種：経理　　年齢・性別：50代後半・男性

- 年功序列を廃し，成果主義が導入されています。
- 成果主義が向かないポジションもあるため評価が難しい場合も。
- 現在若い社員の給料が思ったほど上がっていないのも問題です。
- 今後，思い切った人事制度改革が迫られると思います。

職種：経理　　年齢・性別：50代後半・男性

- 有給休暇は取りやすく，女性が働きがいのある部門もあります。
- 結婚，出産，育児にはまだ厳しい環境だといえます。
- 男女雇用均等法は会社には好都合ですが女性には厳しい制度です。
- 労働条件については，きめ細やかに整備されることが期待されます。

職種：経理　　年齢・性別：50代後半・男性

- 設立当初は健康保険組合もなく，長時間労働も当たり前でしたが，4つの理念を掲げながら，上場後も躍進に躍進を重ねてきました。
- 震災時にも自社の理念を実践するスタッフの姿に感慨一入でした。
- 教育システムの徹底により，更なる飛躍が可能だと感じています。

エンタメ・レジャー業界　国内企業リスト（一部抜粋）

会社名	本社住所
株式会社西武ホールディングス	埼玉県所沢市くすのき台一丁目 11 番地の 1
株式会社第一興商	東京都品川区北品川 5-5-26
リゾートトラスト株式会社	名古屋市中区東桜 2-18-31
株式会社アコーディア・ゴルフ	東京都渋谷区渋谷 2 丁目 15 番 1 号
株式会社ラウンドワン	大阪府堺市堺区戎島町四丁 45 番地 1 堺駅前ポルタスセンタービル
株式会社東京ドーム	東京都文京区後楽 1 丁目 3 番 61 号
PGM ホールディングス株式会社	東京都港区高輪一丁目 3 番 13 号 NBF 高輪ビル
株式会社サンリオ	東京都品川区大崎 1-11-1 ゲートシティ大崎（ウエストタワー 14F）
東急不動産株式会社	東京都渋谷区道玄坂 1-21-2
常磐興産株式会社	福島県いわき市常磐藤原町蕨平 50 番地
シダックス株式会社	東京都渋谷区神南一丁目 12 番 13 号
株式会社イオンファンタジー	千葉県千葉市美浜区中瀬 1 丁目 5 番地 1
株式会社コシダカ ホールディングス	群馬県前橋市大友町一丁目 5-1
株式会社 AOKI ホールディングス	横浜市都筑区茅ヶ崎中央 24 番 1 号
株式会社東急レクリエーション	東京都渋谷区桜丘町 2 番 9 号 カスヤビル 6 階 7 階
富士急行株式会社	山梨県富士吉田市新西原 5 丁目 2 番 1 号
リゾートソリューション株式会社	東京都新宿区西新宿 6 丁目 24 番 1 号 西新宿三井ビルディング 12 階
アドアーズ株式会社	東京都港区虎ノ門 1 丁目 7 番 12 号 虎ノ門ファーストガーデン 9F
株式会社よみうりランド	東京都稲城市矢野口 4015 番地 1
東京都競馬株式会社	東京都大田区大森北一丁目 6 番 8 号
株式会社明治座	東京都中央区日本橋浜町 2-31-1

会社名	本社住所
株式会社ゲオディノス	北海道札幌市中央区南３条西１丁目８番地
遠州鉄道株式会社	浜松市中区旭町 12-1
藤田観光株式会社	東京都文京区関口 2-10-8
株式会社極楽湯	東京都千代田区麹町二丁目４番地 麹町鶴屋八幡ビル６階
株式会社鉄人化計画	東京都目黒区八雲一丁目４番６号
株式会社ウチヤマ ホールディングス	北九州市小倉北区熊本２丁目 10 番 10 号 内山第 20 ビル 1F
株式会社ランシステム	東京都豊島区池袋２丁目 43-1　池袋青柳ビル 3F
グリーンランドリゾート株式会社	熊本県荒尾市下井手 1616
名古屋競馬株式会社	愛知県名古屋市緑区大将ヶ根一丁目 2818 番地
株式会社御園座	名古屋市中区栄一丁目 10 番５号
株式会社メディアクリエイト	静岡県沼津市筒井町 4-2
株式会社 A.C ホールディングス	東京都港区芝大門一丁目２番１号　大門 KS ビル
株式会社横浜スタジアム	横浜市中区横浜公園
ソーシャル・エコロジー・ プロジェクト株式会社	東京都港区南青山 1-11-45
朝日観光株式会社	長野県塩尻市広丘野村 1610-4
株式会社大阪国際会議場	大阪市北区中之島５丁目３番 51 号
北陸観光開発株式会社	石川県加賀市新保町ト１－１
株式会社歌舞伎座	東京都中央区銀座四丁目 12 番 15 号
株式会社明智ゴルフ倶楽部	岐阜県恵那市明智町吉良見 980-2
株式会社山田クラブ 21	東京都渋谷区渋谷２丁目 10 番６号
株式会社千葉カントリー倶楽部	千葉県野田市蕃昌 4
株式会社宍戸国際ゴルフ倶楽部	東京都港区虎ノ門３丁目７番７号

会社名	本社住所
株式会社可児ゴルフ倶楽部	可児市久々利向平 221-2
株式会社房総カントリークラブ	千葉県長生郡睦沢町妙楽寺字直沢 2300 番地
株式会社武蔵カントリー倶楽部	埼玉県入間市大字小谷田 961
三和プランニング株式会社	東京都中央区日本橋 2-8-6 SHIMA 日本橋ビル 7 階
株式会社花屋敷ゴルフ倶楽部	兵庫県三木市吉川町上荒川字松ケ浦 713 − 1
株式会社大利根カントリー倶楽部	茨城県坂東市下出島 10
株式会社セントクリーク ゴルフクラブ	愛知県豊田市月原町黒木 1-1
株式会社中山カントリークラブ	東京都千代田区神田錦町 3 丁目 13 番地 7
株式会社日高カントリー倶楽部	埼玉県日高市高萩 1203
株式会社東松山カントリークラブ	埼玉県東松山市大谷 1111
株式会社エイチ・アイ・エス	東京都新宿区西新宿 6-8-1 新宿オークタワー 29 階
株式会社農協観光	東京都千代田区外神田一丁目 16 番 8 号 N ツアービル
株式会社ユーラシア旅行社	東京都千代田区平河町 2-7-4 砂防会館別館 4F
株式会社一休	東京都港区赤坂 3-3-3 住友生命赤坂ビル 8F
株式会社ニッコウトラベル	東京都中央区京橋 1-1-1 八重洲ダイビル 2 階
東京テアトル株式会社	東京都中央区銀座 1-16-1
株式会社創通	東京都港区浜松町 2-4-1 世界貿易センタービル 26F
株式会社オーエス	大阪市西成区南津守 6 丁目 5 番 53 号 オーエス大阪ビル
中日本興業株式会社	名古屋市中村区名駅四丁目 7 番 1 号 ミッドランドスクエア 15F
株式会社きんえい	大阪市阿倍野区阿倍野筋 1 丁目 5 番 1 号
株式会社東京楽天地	東京都墨田区江東橋 4-27-14
スバル興業株式会社	東京都千代田区有楽町一丁目 10 番 1 号

会社名	本社住所
静活株式会社	静岡県静岡市葵区七間町 8 番地の 20 毎日江崎ビル 5F
武蔵野興業 株式会社	東京都新宿区新宿三丁目 27 番 10 号
株式会社東京臨海 ホールディングス	東京都江東区青海二丁目 5 番 10 号
株式会社東京国際フォーラム	東京都千代田区丸の内三丁目 5 番 1 号 東京国際フォーラム 11 階
株式会社クリエイティブマン プロダクション	渋谷区神宮前 6-19-20 第 15 荒井ビル 8F
ソワード株式会社	鹿児島市西千石町 14-10-101
清水興業 株式会社	広島県広島市南区的場町二丁目 1 番 15 号 清水観光ビル
株式会社ムーヴ	大阪市中央区淡路町 4-5-4 京音ビル 3 階
株式会社キョードー東北	宮城県仙台市青葉区一番町 4-6-1 仙台第一生命タワービルディング 16F
株式会社キョードー東京	東京都港区北青山 3-6-18 共同ビル
株式会社キョードー大阪	大阪市北区中之島 2-3-18 中之島フェスティバルタワー 3F
株式会社キョードー西日本	福岡市中央区天神 2-8-41 福岡朝日会館 8F
株式会社キョードー横浜	神奈川県横浜市中区本町 4 丁目 40
株式会社キョードー北陸	新潟県新潟市中央区天神 1 丁目 12-8 LEXN B 7 階
株式会社キョードー東海	名古屋市中区錦 3-15-15 CTV 錦ビル 7F
株式会社キョードー札幌	札幌市中央区大通西 7 丁目ダイヤビル 10 階
株式会社 テツ コーポレーション	名古屋市東区葵一丁目 7-17
株式会社宮地商会	東京都千代田区神田小川町 1-4
協愛株式会社	大阪市北区西天満 3 丁目 8 番 20 号 協愛ビル
株式会社エスエルディー	東京都渋谷区桜丘町 22-14 NES ビル N 棟 1F
株式会社遊楽	埼玉県さいたま市浦和区高砂 2-8-16
サントリーパブリシティサービス 株式会社	東京都千代田区永田町 2-13-5 赤坂エイトワンビル 3F

会社名	本社住所
株式会社ビーコム	神奈川県横浜市中区羽衣町 1 丁目 1 番 1 号
株式会社タツミコーポレーション	兵庫県明石市松の内 2 丁目 3-9 親和ビル 5F
株式会社延田エンタープライズ	大阪市中央区心斎橋筋 2-1-6
株式会社太陽グループ	札幌市中央区南 1 条西 4 丁目 4 番地 1
株式会社キャスブレーン	神奈川県横浜市鶴見区鶴見中央 3-4-25
株式会社パラッツォ 東京プラザグループ	東京都新宿区西新宿 6 丁目 8 番 1 号
株式会社マルハン	京都市上京区出町今出川上る青龍町 231
株式会社コンチェルト	東京都豊島区東池袋 3-1-1　サンシャイン 60　37F
株式会社ウエルネスサプライ	大阪市西区北堀江 2 丁目 1 番 11 号 久我ビル北館 9F
株式会社オーエンス	東京都中央区築地 4-1-17　銀座大野ビル 9F
株式会社札幌ドーム	札幌市豊平区羊ケ丘 1 番地（札幌ドーム内）
株式会社ナゴヤドーム	名古屋市東区大幸南一丁目 1 番 1 号
株式会社 大阪シティドーム	大阪市西区千代崎 3 丁目中 2 番 1 号
神戸ウイングスタジアム株式会社	神戸市兵庫区御崎町 1 丁目 2 番地 2
株式会社ダイナム	東京都荒川区西日暮里 2-27-5
株式会社ガイア	東京都中央区日本橋横山町 7-18
長島商事株式会社	鹿児島市与次郎一丁目 6 番 14 号

第3章

就職活動のはじめかた

入りたい会社は決まった。しかし「就職活動とはそもそも何をしていいのかわからない」「どんな流れで進むかわからない」という声は意外と多い。ここでは就職活動の一般的な流れや内容，対策について解説していく。

▶就職活動のスケジュール

3月	**4**月	**6**月

就職活動スタート

> 2025年卒の就活スケジュールは,経団連と政府を中心に議論され,2024年卒の採用選考スケジュールから概ね変更なしとされている。

エントリー受付・提出

OB・OG訪問

> 企業の説明会には積極的に参加しよう。独自の企業研究だけでは見えてこなかった新たな情報を得る機会であるとともに,モチベーションアップにもつながる。また,説明会に参加した者だけに配布する資料などもある。

合同企業説明会　　**個別企業説明会**

筆記試験・面接試験等始まる（3月～）

内々定（大手企業）

2月末までにやっておきたいこと

就職活動が本格化する前に,以下のことに取り組んでおこう。

　　◎自己分析　　◎インターンシップ　　◎筆記試験対策
　　◎業界研究・企業研究　　◎学内就職ガイダンス

自分が本当にやりたいことはなにか,自分の能力を最大限に活かせる会社はどこか。自己分析と企業研究を重ね,それを文章などにして明確にしておき,面接時に最大限に活用できるようにしておこう。

6月　　　　　　　　**8月**　　　　　　　　**10月**

中 小 企 業 採 用 本 格 化

内定者の数が採用予定数に満たない企業，1年を通して採用を継続している企業，夏休み以降に採用活動を実施企業（後期採用）は採用活動を継続して行っている。大企業でも後期採用を行っていることもあるので，企業から内定が出ても，納得がいかなければ継続して就職活動を行うこともある。

中小企業の採用が本格化するのは大手企業より少し遅いこの時期から。HPなどで採用情報をつかむとともに，企業研究も怠らないようにしよう。

内々定とは10月1日以前に通知（電話等）されるもの。内定に関しては現在協定があり，10月1日以降に文書等にて通知される。

内々定（中小企業）　　　　　　内定式（10月〜）

どんな人物が求められる？

多くの企業は，常識やコミュニケーション能力があり，社会のできごとに高い関心を持っている人物を求めている。これは「会社の一員として将来の企業発展に寄与してくれるか」という視点に基づく，もっとも普遍的な選考基準だ。もちろん，「自社の志望を真剣に考えているか」「自社の製品，サービスにどれだけの関心を向けているか」という熱意の部分も重要な要素になる。

理論編 就活ロールプレイ！

理論編 STEP 1　就職活動のスタート

内定までの道のりは，大きく分けると以下のようになる。

自　己　分　析
↓
企　業　研　究
↓
エントリーシート・筆記試験・面接
↓
内　　定

01 まず自己分析からスタート

就職活動とは，「企業に自分をPRすること」。自分自身の興味，価値観に加えて，強み・能力という要素が加わって，初めて企業側に「自分が働いたら，こういうポイントで貢献できる」と自分自身を売り込むことができるようになる。

■**自分の来た道を振り返る**

自己分析をするための第一歩は，「振り返ってみる」こと。

小学校，中学校など自分のいた"場"ごとに何をしたか（部活動など），何を学んだか，交友関係はどうだったか，興味のあったこと，覚えている印象的なことを書き出してみよう。

■**テストを受けてみる**

"自分では気がついていない能力"を客観的に検査してもらうことで，自分に向いている職種が見えてくる。下記の5種類が代表的なものだ。

①職業適性検査　②知能検査　③性格検査
④職業興味検査　⑤創造性検査

■先輩や専門家に相談してみる

　就職活動をするうえでは，"いかに他人に自分のことをわかってもらうか"が重要なポイント。他者の視点で自分を分析してもらうことで，より客観的な視点で自己PRができるようになる。

自己分析の流れ

❏過去の経験を書いてみる

❏現在の自己イメージを明確にする…行動，考え方，好きなものなど。

❏他人から見た自分を明確にする

❏将来の自分を明確にしてみる…どのような生活をおくっていたいか。期待，夢，願望。なりたい自分はどういうものか，掘り下げて考える。→自己分析結果を，志望動機につなげていく。

01 企業の絞り込み

　志望企業の絞り込みについての考え方は大きく分けて2つある。

　第1は，同一業種の中で1次候補，2次候補……と絞り込んでいく方法。

　第2は，業種を1次，2次，3次候補と変えながら，それぞれに2社程度ずつ絞り込んでいく方法。

　第1の方法では，志望する同一業種の中で，一流企業，中堅企業，中小企業，縁故などがある歯止めの会社……というふうに絞り込んでいく。

　第2の方法では，自分が最も望んでいる業種，将来好きになれそうな業種，発展性のある業種，安定性のある業種，現在好況な業種……というふうに区別して，それぞれに適当な会社を絞り込んでいく。

02 情報の収集場所

・キャリアセンター

・新聞

・インターネット

・企業情報

『就職四季報』（東洋経済新報社刊），『日経会社情報』（日本経済新聞社刊）などの企業情報。この種の資料は本来“株式市場”についての資料だが，その時期の景気動向を含めた情報を仕入れることができる。

・経済雑誌

『ダイヤモンド』（ダイヤモンド社刊）や『東洋経済』（東洋経済新報社刊），『エコノミスト』（毎日新聞出版刊）など。

・OB・OG／社会人

①成長力

まず"売上高"。次に資本力の問題や利益率などの比率。いくら資本金があっても，それを上回る膨大な借金を抱えていて，いくら稼いでも利払いに追われまくるようでは，成長できないし，安定できない。

成長力を見るには自己資本率を割り出してみる。自己資本を総資本で割って100を掛けると自己資本率がパーセントで出てくる。自己資本の比率が高いほうが成長力もあり安定度も高い。

利益率は純利益を売上高で割って100を掛ける。利益率が高ければ，企業はどんどん成長するし，社員の待遇も上昇する。利益率が低いということは，仕事がどんなに忙しくても利益にはつながらないということになる。

②技術力

技術力は，短期的な見方と長期的な展望が必要になってくる。研究部門が適切な規模か，大学など企業外の研究部門との連絡があるか，先端技術の分野で開発を続けているかどうかなど。

③経営者と経営形態

会社が将来，どのような発展をするか，または衰退するかは経営者の経営哲学，経営方針によるところが大きい。社長の経歴を知ることも必要。創始者の息子，孫といった親族が社長をしているのか，サラリーマン社長か，官庁などからの天下りかということも大切なチェックポイント。

④社風

社風というのは先輩社員から後輩社員に伝えられ，教えられるもの。社風もいろいろな面から必ずチェックしよう。

⑤安定性

企業が成長しているか，安定しているかということは車の両輪。どちらか片方の回転が遅くなっても企業はバランスを失う。安定し，しかも成長する。これが企業として最も理想とするところ。

⑥待遇

初任給だけを考えてみても，それが手取りなのか，基本給なのか。基本給というのはボーナスから退職金，定期昇給の金額にまで響いてくる。また，待遇というのは給与ばかりではなく，福利厚生施設でも大きな差が出てくる。

■そのほかの会社比較の基準

1. ゆとり度

休暇制度は，企業によって独自のものを設定しているところもある。「長期休暇制度」といったものなどの制定状況と，また実際に取得できているかどうかも調べたい。

2. 独身寮や住宅設備

最近では，社宅は廃止し，住宅手当を多く出すという流れもある。寮や社宅についての福利厚生は調べておく。

3. オフィス環境

会社に根づいた慣習や社員に対する考え方が，意外にオフィスの設備やレイアウトに表れている場合がある。

たとえば，個人の専有スペースの広さや区切り方，パソコンなどOA機器の設置状況，上司と部下の机の配置など，会社によってずいぶん違うもの。玄関ロビーや受付の様子を観察するだけでも，会社ごとのカラーや特徴がどこかに見えてくる。

4. 勤務地

転勤はイヤ，どうしても特定の地域で生活していきたい。そんな声に応えて，最近は流通業などを中心に，勤務地限定の雇用制度を取り入れる企業も増えている。

---

column　初任給では分からない本当の給与

会社の給与水準には「初任給」「平均給与」「平均ボーナス」「モデル給与」など，判断材料となるいくつかのデータがある。これらのデータからその会社の給料の優劣を判断するのは非常に難しい。

たとえば中小企業の中には，初任給が飛び抜けて高い会社がときどきある。しかしその後の昇給率は大きくないのがほとんど。

一方，大手企業の初任給は業種間や企業間の差が小さく，ほとんど横並びと言っていい。そこで，「平均給与」や「平均ボーナス」などで将来の予測をするわけだが，これは一応の目安とはなるが，個人差があるので正確とは言えない。

■**決定版「就職ノート」はこう作る**

1冊にすべて書き込みたいという人には，ルーズリーフ形式のノートがお勧め。会社研究，スケジュール，時事用語，OB／OG訪問，切り抜きなどの項目を作りインデックスをつける。

カレンダー，説明会，試験などのスケジュール表を貼り，とくに会社別の説明会，面談，書類提出，試験の日程がひと目で分かる表なども作っておく。そして見開き2ページで1社を載せ，左ページに企業研究，右ページには志望理由，自己PRなどを整理する。

就職ノートの主なチェック項目

❏企業研究…資本金，業務内容，従業員数など基礎的な会社概要から，過去の採用状況，業務報告などのデータ

❏採用試験メモ…日程，条件，提出書類，採用方法，試験の傾向など

❏店舗・営業所見学メモ…流通関係，銀行などの場合は，客として訪問し，商品（値段，使用価値，ユーザーへの配慮），店員（接客態度，商品知識，熱意，親切度），店舗（ショーケース，陳列の工夫，店内の清潔さ）などの面をチェック

❏OB／OG訪問メモ…OB／OGの名前，連絡先，訪問日時，面談場所，質疑応答のポイント，印象など

❏会社訪問メモ…連絡先，人事担当者名，会社までの交通機関，最寄り駅からの地図，訪問のときに得た情報や印象，訪問にいたるまでの経過も記入

「OB／OG訪問」は，実際は採用予備選考開始。まず，OB／OG訪問を希望したら，大学のキャリアセンター，教授などの紹介で，志望企業に勤める先輩の手がかりをつかむ。もちろん直接電話なり手紙で，自分の意向を会社側に伝えてもいい。自分の在籍大学，学部をはっきり言って，「先輩を紹介していただけないでしょうか」と依頼しよう。

参考

OB／OG訪問時の質問リスト例

●採用について

- ・成績と面接の比重
- ・採用までのプロセス（日程）
- ・面接は何回あるか
- ・面接で質問される事項　etc.
- ・評価のポイント
- ・筆記試験の傾向と対策
- ・コネの効力はどうか

●仕事について

- ・内容（入社10年, 20年のOB/OG）
- ・希望職種につけるのか
- ・残業，休日出勤，出張など
- ・新入社員の仕事
- ・やりがいはどうか
- ・同業他社と比較してどうか　etc.

●社風について

- ・社内のムード
- ・仕事のさせ方　etc.
- ・上司や同僚との関係

●待遇について

- ・給与について
- ・昇進のスピード
- ・福利厚生の状態
- ・離職率について　etc.

　インターンシップとは，学生向けに企業が用意している「就業体験」プログラム。ここで学生はさまざまな企業の実態をより深く知ることができ，その後の就職活動において自己分析，業界研究，職種選びなどに活かすことができる。また企業側にとっても有能な学生を発掘できるというメリットがあるため，導入する企業は増えている。

　インターンシップ参加が採用につながっているケースもあるため，たくさん参加してみよう。

> ### column コネを利用するのも１つの手段？
>
> コネを活用できるのは，以下のような場合である。
>
> **・企業と大学に何らかの「連絡」がある場合**
>
> 　企業の新卒採用の場合，特定校・指定校が決められていることもある。企業側が過去の実績などに基づいて決めており，大学の力が大きくものをいう。
>
> 　とくに理工系では，指導教授や研究室と企業との連絡が密接な場合が多く，教授の推薦が有利であることは言うまでもない。同じ大学出身の先輩とのコネも，この部類に区分できる。
>
> **・志望企業と「関係」ある人と関係がある場合**
>
> 　一般的に言えば，志望企業の取り引き先関係からの紹介というのが一番多い。ただし，年間億単位の実績が必要で，しかも部長・役員以上につながっていなければコネがあるとは言えない。
>
> **・志望企業と何らかの「親しい関係」がある場合**
>
> 　志望企業に勤務したりアルバイトをしていたことがあるという場合。インターンシップもここに分類される。職場にも馴染みがあり人間関係もできているので，就職に際してきわめて有利。
>
> **・志望会社に関係する人と「縁故」がある場合**
>
> 　縁故を「血縁関係」とした場合，日本企業ではこのコネはかなり有効なところもある。ただし，血縁者が同じ会社にいるというのは不都合なことも多いので，どの企業も慎重。

1. 受付の様子

受付事務がテキパキとしていて，分かりやすいかどうか。社員の態度が親切で誠意が伝わってくるかどうか。

こういった受付の様子からでも，その会社の社員教育の程度や，新入社員採用に対する熱意とか期待を推し測ることができる。

2. 控え室の様子

控え室が2カ所以上あって，国立大学と私立大学の訪問者とが，別々に案内されているようなことはないか。また，面談の順番を意図的に変えているようなことはないか。これはよくある例で，すでに大半は内定しているということを意味する場合が多い。

3. 社内の雰囲気

社員の話し方，その内容を耳にはさむだけでも，社風が伝わってくる。

4. 面談の様子

何時間も待たせたあげくに，きわめて事務的に，しかも投げやりな質問しかしないような採用担当者である場合，この会社は人事が適正に行われていないということだから，一考したほうがよい。

 説明会での質問項目

・質問内容が抽象的でなく，具体性のあるものかどうか。

・質問内容は，現在の社会・経済・政治などの情況を踏まえた，
　大学生らしい高度で専門性のあるものか。

・質問をするのはいいが，「それでは，あなたの意見はどうか」と
　逆に聞かれたとき，自分なりの見解が述べられるものであるか。

提出書類を用意する

　提出する書類は6種類。①～③が大学に申請する書類，④～⑥が自分で書く書類だ。大学に申請する書類は一度に何枚も入手しておこう。

- ① 「卒業見込証明書」
- ② 「成績証明書」
- ③ 「健康診断書」
- ④ 「履歴書」
- ⑤ 「エントリーシート」
- ⑥ 「会社説明会アンケート」

■自分で書く書類は「自己PR」

　第1次面接に進めるか否かは「自分で書く書類」の出来にかかっている。「履歴書」と「エントリーシート」は会社説明会に行く前に準備しておくもの。「会社説明会アンケート」は説明会の際に書き，その場で提出する書類だ。

01 履歴書とエントリーシートの違い

　Webエントリーを受け付けている企業に資料請求をすると，資料と一緒に「エントリーシート」が送られてくるので，応募サイトのフォームやメールでエントリーシートを送付する。Webエントリーを行っていない企業には，ハガキやメールで資料請求をする必要があるが，「エントリーシート」は履歴書とは異なり，企業が設定した設問に対して回答するもの。すなわちこれが「1次試験」であり，これにパスをした人だけが会社説明会に呼ばれる。

■字はていねいに

字を書くところから，その企業に対する"本気度"は測られている。

■誤字，脱字は厳禁

使用するのは，黒のインク。

■修正液使用は不可

■数字は算用数字

■自分の広告を作るつもりで書く

自分はこういう人間であり，何がしたいかということを簡潔に書く。メリットになることだけで良い。自分に損になるようなことを書く必要はない。

■「やる気」を示す具体的なエピソードを

「私はやる気があります」「私は根気があります」という抽象的な表現だけではNG。それを示すエピソードのようなものを書かなくては意味がない。

---Point---

自己紹介欄の項目はすべて「自己PR」。自分はこういう人間であることを印象づけ，それがさらに企業への「志望動機」につながっていくような書き方をする。

column　履歴書やエントリーシートは，共通でもいい？

「履歴書」や「エントリーシート」は企業によって書き分ける。業種はもちろん，同じ業界の企業であっても求めている人材が違うからだ。各書類は提出前にコピーを取り，さらに出した企業名を忘れずに書いておくことも大切だ。

写真	スナップ写真は不可。 スーツ着用で,胸から上の物を使用する。ポイントは「清潔感」。 氏名・大学名を裏書きしておく。
日付	郵送の場合は投函する日,持参する場合は持参日の日付を記入する。
生年月日	西暦は避ける。元号を省略せずに記入する。
氏名	戸籍上の漢字を使う。印鑑押印欄があれば忘れずに押す。
住所	フリガナ欄がカタカナであればカタカナで,平仮名であれば平仮名で記載する。
学歴	最初の行の中央部に「学□□歴」と2文字程度間隔を空けて,中学校卒業から大学(卒業・卒業見込み)まで記入する。 中途退学の場合は,理由を簡潔に記載する。留年は記入する必要はない。 職歴がなければ,最終学歴の一段下の行の右隅に,「以上」と記載する。
職歴	最終学歴の一段下の行の中央部に「職□□歴」と2文字程度間隔を空け記入する。 「株式会社」や「有限会社」など,所属部門を省略しないで記入する。 「同上」や「〃」で省略しない。 最終職歴の一段下の行の右隅に,「以上」と記載する。
資格・免許	4級以下は記載しない。学習中のものも記載して良い。 「普通自動車第一種運転免許」など,省略せずに記載する。
趣味・特技	具体的に(例:読書でもジャンルや好きな作家を)記入する。
志望理由	その企業の強みや良い所を見つけ出したうえで,「自分の得意な事」がどう活かせるかなどを考えぬいたものを記入する。
自己PR	応募企業の事業内容や職種にリンクするような,自分の経験やスキルなどを記入する。
本人希望欄	面接の連絡方法,希望職種・勤務地などを記入する。「特になし」や空白はNG。
家族構成	最初に世帯主を書き,次に配偶者,それから家族を祖父母,兄弟姉妹の順に。続柄は,本人から見た間柄。兄嫁は,義姉と書く。
健康状態	「良好」が一般的。

エントリーシートの記入

01 エントリーシートの目的

・応募者を，決められた採用予定者数に絞り込むこと

・面接時の資料にする

の2つ。

■知りたいのは職務遂行能力

　採用担当者が学生を見る場合は,「こいつは与えられた仕事をこなせるかどうか」という目で見ている。企業に必要とされているのは仕事をする能力なのだ。

> **Point**
>
> 質問に忠実に，"自分がいかにその会社の求める人材に当てはまるか"を
> 丁寧に答えること。

02 効果的なエントリーシートの書き方

■情報を伝える書き方

　課題をよく理解していることを相手に伝えるような気持ちで書く。

■文章力

　大切なのは全体のバランスが取れているか。書く前に，何をどれくらいの字数で収めるか計算しておく。

　「起承転結」でいえば，「起」は，文章を起こす導入部分。「承」は，起を受けて，その提起した問題に対して承認を求める部分。「転」は，自説を展開する部分。もっともオリジナリティが要求される。「結」は,最後の締めの結論部分。文章の構成・まとめる力で，総合的な能力が高いことをアピールする。

参考 ▶ エントリーシートでよく取り上げられる題材と, その出題意図

エントリーシートで求められるものは,「自己PR」「志望動機」「将来どうなりたいか (目指すこと)」の3つに大別される。

1.「自己PR」

自己分析にしたがって作成していく。重要なのは,「なぜそうしようと思ったか?」「○○をした結果,何が変わったのか?何を得たのか?」という"連続性"が分かるかどうかがポイント。

2.「志望動機」

自己PRと一貫性を保ち,業界志望理由と企業志望理由を差別化して表現するように心がける。志望する業界の強みと弱み,志望企業の強みと弱みの把握は基本。

3.「将来の展望」

どんな社員を目指すのか,仕事へはどう臨もうと思っているか,目標は何か,などが問われる。仕事内容を事前に把握しておくだけでなく,5年後の自分,10年後の自分など,具体的な将来像を描いておくことが大切。

表現力, 理解力のチェックポイント

❏ 文法, 語法が正しいかどうか

❏ 論旨が論理的で一貫しているかどうか

❏ 1センテンスが簡潔かどうか

❏ 表現が統一されているかどうか (「です, ます」調か「だ, である」調か)

01 個人面接

●自由面接法

　面接官と受験者のキャラクターやその場の雰囲気，質問と応答の進行具合などによって雑談形式で自由に進められる。

●標準面接法

　自由面接法とは逆に，質問内容や評価の基準などがあらかじめ決まっている。実際には自由面接法と併用で，おおまかな質問事項や判定基準，評価ポイントを決めておき，質疑応答の内容上の制限を緩和しておくスタイルが一般的。1次面接などでは標準面接法をとり，2次以降で自由面接法をとる企業も多い。

●非指示面接法

　受験者に自由に発言してもらい，面接官は話題を引き出したりするときなど，最小限の質問をするという方法。

●圧迫面接法

　わざと受験者の精神状態を緊張させ，受験者がどのような応答をするかを観察し，判定する。受験者は，冷静に対応することが肝心。

02 集団面接

　面接の方法は個人面接と大差ないが，面接官がひとつの質問をして，受験者が順にそれに答えるという方法と，面接官が司会役になって，座談会のような形式で進める方法とがある。

　座談会のようなスタイルでの面接は，なるべく受験者全員が関心をもっているような話題を取りあげ，意見を述べさせるという方法。この際，司会役以外の面接官は一言も発言せず，判定・評価に専念する。

　グループディスカッション（以下，GD）の時間は30〜60分程度，1グループの人数は5〜10人程度で，司会は面接官が行う場合や，時間を決めて学生が交替で行うことが多い。面接官は内容については特に指示することはなく，受験者がどのようにGDを進めるかを観察する。

　評価のポイントは，全体的には理解力，表現力，指導性，積極性，協調性など，個別的には性格，知識，適性などが観察される。

　GDの特色は，集団の中での個人ということで，受験者の能力がどの程度のものであるか，また，どのようなことに向いているかを判定できること。受験者は，グループの中における自分の位置を面接官に印象づけることが大切だ。

グループディスカッション方式の面接におけるチェックポイント

- ❑ 全体の中で適切な論点を提供できているかどうか。
- ❑ 問題解決に役立つ知識を持っているか，また提供できているかどうか。
- ❑ もつれた議論を解きほぐし，的はずれの議論を元に引き戻す努力をしているかどうか。
- ❑ グループ全体としての目標をいつも考えているかどうか。
- ❑ 感情的な対立や攻撃をしかけているようなことはないか。
- ❑ 他人の意見に耳を傾け，よい意見には賛意を表し，それを全体に推し広げようという寛大さがあるかどうか。
- ❑ 議論の流れを自然にリードするような主導性を持っているかどうか。
- ❑ 提出した意見が議論の進行に大きな影響を与えているかどうか。

04 面接時の注意点

●控え室

　控え室には，指定された時間の15分前には入室しよう。そこで担当の係から，面接に際しての注意点や手順の説明が行われるので，疑問点は積極的に聞くようにし，心おきなく面接にのぞめるようにしておこう。会社によっては，所定のカードに必要事項を書き込ませたり，お互いに自己紹介をさせたりする場合もある。また，この控え室での行動も細かくチェックして，合否の資料にしている会社もある。

●**入室・面接開始**

　係員がドアの開閉をしてくれる場合もあるが，それ以外は軽くノックして入室し，必ずドアを閉める。そして入口近くで軽く一礼し，面接官か補助員の「どうぞ」という指示で正面の席に進み，ここで再び一礼をする。そして，学校名と氏名を名のって静かに着席する。着席時は，軽く椅子にかけるようにする。

●**面接終了と退室**

　面接の終了が告げられたら，椅子から立ち上がって一礼し，椅子をもとに戻して，面接官または係員の指示を受けて退室する。

　その際も，ドアの前で面接官のほうを向いて頭を下げ，静かにドアを開閉する。控え室に戻ったら，係員の指示を受けて退社する。

05 面接試験の評定基準

●**協調性**

　企業という「集団」では，他人との協調性が特に重視される。

　感情や態度が円満で調和がとれていること，極端に好悪の情が激しくなく，物事の見方や考え方が穏健で中立であることなど，職場での人間関係を円滑に進めていくことのできる人物かどうかが評価される。

●**話し方**

　外観印象的には，言語の明瞭さや応答の態度そのものがチェックされる。小さな声で自信のない発言，乱暴野卑な発言は減点になる。

　考えをまとめたら，言葉を選んで話すくらいの余裕をもって，真剣に応答しようとする姿勢が重視される。軽率な応答をしたり，まして発言に矛盾を指摘されるような事態は極力避け，もしそのような状況になりそうなときは，自分の非を認めてはっきりと謝るような態度を示すべき。

●**好感度**

　実社会においては，外観による第一印象が，人間関係や取引に大きく影響を及ぼす。

　「フレッシュな爽やかさ」に加え，入社志望など，自分の意思や希望をより明確にすることで，強い信念に裏づけられた姿勢をアピールできるよう努力したい。

●**判断力**

何を質問されているのか，何を答えようとしているのか，常に冷静に判断していく必要がある。

●表現力

話に筋道が通り理路整然としているか，言いたいことが簡潔に言えるか，話し方に抑揚があり聞く者に感銘を与えるか，用語が適切でボキャブラリーが豊富かどうか。

●積極性

活動意欲があり，研究心旺盛であること，進んで物事に取り組み，創造的に解決しようとする意欲が感じられること，話し方にファイトや情熱が感じられること，など。

●計画性

見通しをもって順序よく合理的に仕事をする性格かどうか，またその能力の有無。企業の将来性のなかに，自分の将来をどうかみ合わせていこうとしているか，現在の自分を出発点として，何を考え，どんな仕事をしたいのか。

●安定性

情緒の安定は，社会生活に欠くことのできない要素。自分自身をよく知っているか，他の人に流されない信念をもっているか。

●誠実性

自分に対して忠実であろうとしているか，物事に対してどれだけ誠実な考え方をしているか。

●社会性

企業は集団活動なので，自分の考えに固執したり，不平不満が多い性格は向かない。柔軟で適応性があるかどうか。

清潔感や明朗さ，若々しさといった外観面も重視される。

06 面接試験の質問内容

1. 志望動機

受験先の概要や事業内容はしっかりと頭の中に入れておく。また，その企業の企業活動の社会的意義と，自分自身の志望動機との関連を明確にしておく。「安定している」「知名度がある」「将来性がある」といった利己的な動機，「自

分の性格に合っている」というような，あいまいな動機では説得力がない。安定性や将来性は，具体的にどのような企業努力によって支えられているのかという考察も必要だし，それに対する受験者自身の評価や共感なども問われる。

①どうしてその業種なのか

②どうしてその企業なのか

③どうしてその職種なのか

以上の①～③と，自分の性格や資質，専門などとの関連性を説明できるようにしておく。

自分がどうしてその会社を選んだのか，どこに大きな魅力を感じたのかを，できるだけ具体的に，情熱をもって語ることが重要。自分の長所と仕事の適性を結びつけてアピールし，仕事のやりがいや仕事に対する興味を述べるのもよい。

■複数の企業を受験していることは言ってもいい？

同じ職種，同じ業種で何社かかけもちしている場合，正直に答えてもかまわない。しかし，「第一志望はどこですか」というような質問に対して，正直に答えるべきかどうかというと，やはりこれは疑問がある。どんな会社でも，他社を第一志望にあげられれば，やはり愉快には思わない。

また，職種や業種の異なる会社をいくつか受験する場合も同様で，極端に性格の違う会社をあげれば，その矛盾を突かれるのは必至だ。

2. 仕事に対する意識・職業観

採用試験の段階では，次年度の配属予定が具体的に固まっていない会社もかなりある。具体的に職種や部署などを細分化して募集している場合は別だが，そうでない場合は，希望職種をあまり狭く限定しないほうが賢明。どの業界においても，採用後，新入社員には，研修としてその会社の各セクションをひと通り経験させる企業は珍しくない。そのうえで，具体的な配属計画を検討するのだ。

大切なことは，就職や職業というものを，自分自身の生き方の中にどう位置づけるか，また，自分の生活の中で仕事とはどういう役割を果たすのかを考えてみること。つまり自分の能力を活かしたい，社会に貢献したい，自分の存在価値を社会的に実現してみたい，ある分野で何か自分の力を試してみたい……，などの場合を考え，それを自分自身の人生観，志望職種や業種などとの関係を考えて組み立ててみる。自分の人生観をもとに，それを自分の言葉で表現できるようにすることが大切。

3. 自己紹介・自己PR

性格そのものを簡単に変えたり，欠点を克服したりすることは実際には難しいが，"仕方がない"という姿勢を見せることは禁物で，どんなささいなことでも，努力している面をアピールする。また一般的にいって，専門職を除けば，就職時になんらかの資格や技能を要求する企業は少ない。

　ただ，資格をもっていれば採用に有利とは限らないが，専門性を要する業種では考慮の対象とされるものもある。たとえば英検，簿記など。

　企業が学生に要求しているのは，4年間の勉学を重ねた学生が，どのように仕事に有用であるかということで，学生の知識や学問そのものを聞くのが目的ではない。あくまで，社会人予備軍としての謙虚さと素直さを失わないようにする。

　知識や学力よりも，その人の人間性，ビジネスマンとしての可能性を重視するからこそ，面接担当者は，学生生活全般について尋ねることで，書類だけでは分からない人間性を探ろうとする。

　何かうち込んだものや思い出に残る経験などは，その人の人間的な成長になんらかの作用を及ぼしているものだ。どんな経験であっても，そこから受けた印象や教訓などは，明確に答えられるようにしておきたい。

4. 一般常識・時事問題

　一般常識・時事問題については筆記試験の分野に属するが，面接でこうしたテーマがもち出されることも珍しくない。受験者がどれだけ社会問題に関心をもっているか，一般常識をもっているか，また物事の見方・考え方に偏りがないかなどを判定する。知識や教養だけではなく，一問一答の応答を通じて，その人の性格や適応能力まで判断されることになる。

07 面接に向けての事前準備

■面接試験1カ月前までには万全の準備をととのえる

●志望会社・職種の研究

　新聞の経済欄や経済雑誌などのほか，会社年鑑，株式情報など書物による研究をしたり，インターネットにあがっている企業情報や，検索によりさまざまな角度から調べる。すでにその会社へ就職している先輩や知人に会って知識を得たり，大学のキャリアセンターへ情報を求めるなどして総合的に判断する。

■専攻科目の知識・卒論のテーマなどの整理

大学時代にどれだけ勉強してきたか，専攻科目や卒論のテーマなどを整理しておく。

■**時事問題に対する準備**

毎日欠かさず新聞を読む。志望する企業の話題は，就職ノートに整理するなどもアリ。

面接当日の必需品

❏必要書類（履歴書，卒業見込証明書，成績証明書，健康診断書，推薦状）

❏学生証

❏就職ノート（志望企業ファイル）

❏印鑑，朱肉

❏筆記用具（万年筆，ボールペン，サインペン，シャープペンなど）

❏手帳，ノート

❏地図（訪問先までの交通機関などをチェックしておく）

❏現金（小銭も用意しておく）

❏腕時計（オーソドックスなデザインのもの）

❏ハンカチ，ティッシュペーパー

❏くし，鏡（女性は化粧品セット）

❏シューズクリーナー

❏ストッキング

❏折りたたみ傘（天気予報をチェックしておく）

❏携帯電話，充電器

STEP6 理論編 筆記試験の種類

■一般常識試験

> 社会人として企業活動を行ううえで最低限必要となる一般常識のほか,
> 英語, 国語, 社会(時事問題), 数学などの知識の程度を確認するもの。

　難易度はおおむね中学・高校の教科書レベル。一般常識の問題集を1冊やっておけばよいが, 業界によっては専門分野が出題されることもあるため, 必ず志望する企業のこれまでの試験内容は調べておく。

■一般常識試験の対策

- ・英語　慣れておくためにも, 教科書を復習する, 英字新聞を読むなど。
- ・国語　漢字, 四字熟語, 反対語, 同音異義語, ことわざをチェック。
- ・時事問題　新聞や雑誌, テレビ, ネットニュースなどアンテナを張っておく。

■適性検査

　SPI (Synthetic Personality Inventory) 試験 (SPI3試験) とも呼ばれ, 能力テストと性格テストを合わせたもの。

　能力テストでは国語能力を測る「言語問題」と, 数学能力を測る「非言語問題」がある。言語的能力, 知覚能力, 数的能力のほか, 思考・推理能力, 記憶力, 注意力などの問題で構成されている。

　性格テストは「はい」か「いいえ」で答えていく。仕事上の適性と性格の傾向などが一致しているかどうかをみる。

> **SPIは職務への適応性を客観的にみるためのもの。**

01 「論文」と「作文」

　一般に「論文」はあるテーマについて自分の意見を述べ，その論証をする文章で，必ず意見の主張とその論証という2つの部分で構成される。問題提起と論旨の展開，そして結論を書く。

　「作文」は，一般的には感想文に近いテーマ，たとえば「私の興味」「将来の夢」といったものがある。

　就職試験では「論文」と「作文」を合わせた"論作文"とでもいうようなものが出題されることが多い。

　論作文試験とは，「文章による面接」。テーマに書き手がどういう態度を持っているかを知ることが，出題の主な目的だ。受験者の知識・教養・人生観・社会観・職業観，そして将来への希望などが，どのような思考を経て，どう表現されているかによって，企業にとって，必要な人物かどうかを判断している。

　論作文の場合には，書き手の社会的意識や考え方に加え，「感銘を与える」働きが要求される。就職活動とは，企業に対し「自分をアピールすること」だということを常に念頭に置いておきたい。

Point

論文と作文の違い

	論　文	作　文
テーマ	学術的・社会的・国際的なテーマ。時事，経済問題など	個人的・主観的なテーマ。人生観，職業観など
表現	自分の意見や主張を明確に述べる。	自分の感想を述べる。
展開	四段型（起承転結）の展開が多い。	三段型（はじめに・本文・結び）の展開が多い。
文体	「だ調・である調」のスタイルが多い。	「です調・ます調」のスタイルが多い。

・テーマ

与えられた課題（テーマ）を，受験者はどのように理解しているか。

出題されたテーマの意義をよく考え，それに対する自分の意見や感情が，十分に整理されているかどうか。

・表現力

課題について本人が感じたり，考えたりしたことを，文章で的確に表しているか。

・字・用語・その他

かなづかいや送りがなが合っているか，文中で引用されている格言やことわざの類が使用法を間違えていないか，さらに誤字・脱字に至るまで，文章の基本的な力が受験者の人柄ともからんで厳密に判定される。

・オリジナリティ

魅力がある文章とは，オリジナリティを率直に出すこと。自分の感情や意見を，自分の言葉で表現する。

・生活態度

文章は，書き手の人格や人柄を映し出す。平素の社会的関心や他人との協調性，趣味や読書傾向はどうであるかといった，受験者の日常における生き方，生活態度がみられる。

・字の上手・下手

できるだけ読みやすい字を書く努力をする。また，制限字数より文章が長くなって原稿用紙の上下や左右の空欄に書き足したりすることは避ける。消しゴムで消す場合にも，丁寧に。

いずれの場合でも，表面的な文章力を問うているのではなく，受験者の人柄のほうを重視している。

実践編 マナーチェックリスト

就活において企業の人事担当は，面接試験やOG／OB訪問，そして面接試験において，あなたのマナーや言葉遣いといった，「常識力」をチェックしている。現在の自分はどのくらい「常識力」が身についているかをチェックリストで振りかえり，何ができて，何ができていないかを明確にしたうえで，今後の取り組みに生かしていこう。

評価基準　5：大変良い　4：やや良い　3：どちらともいえない　2：やや悪い　1：悪い

	項　目	評　価	メ　モ
挨拶	明るい笑顔と声で挨拶をしているか		
	相手を見て挨拶をしているか		
	相手より先に挨拶をしているか		
	お辞儀を伴った挨拶をしているか		
	直接の応対者でなくても挨拶をしているか		
表情	笑顔で応対しているか		
	表情に私的感情がでていないか		
	話しかけやすい表情をしているか		
	相手の話は真剣な顔で聞いているか		
身だしなみ	前髪は目にかかっていないか		
	髪型は乱れていないか／長い髪はまとめているか		
	髭の剃り残しはないか／化粧は健康的か		
	服は汚れていないか／清潔に手入れされているか		
	機能的で職業・立場に相応しい服装をしているか		
	華美なアクセサリーはつけていないか		
	爪は伸びていないか		
	靴下の色は適当か／ストッキングの色は自然な肌色か		
	靴の手入れは行き届いているか		
	ポケットに物を詰めすぎていないか		

	項　目	評　価	メ　モ
言葉遣い	専門用語を使わず，相手にわかる言葉で話しているか		
	状況や相手に相応しい敬語を正しく使っているか		
	相手の聞き取りやすい音量・速度で話しているか		
	語尾まで丁寧に話しているか		
	気になる言葉癖はないか		
動作	物の授受は両手で丁寧に実施しているか		
	案内・指し示し動作は適切か		
	キビキビとした動作を心がけているか		
心構え	勤務時間・指定時間の5分前には準備が完了しているか		
	心身ともに健康管理をしているか		
	仕事とプライベートの切替えができているか		

☑ 常に自己点検をするクセをつけよう

「人を表情やしぐさ，身だしなみなどの見かけで判断してはいけない」と一般にいわれている。確かに，人の個性は見かけだけではなく，内面においても見いだされるもの。しかし，私たちは人を第一印象である程度決めてしまう傾向がある。それが面接試験など初対面の場合であればなおさらだ。したがって，チェックリストにあるような挨拶，表情，身だしなみ等に注意して面接試験に臨むことはとても重要だ。ただ，これらは面接試験前にちょっと対策したからといって身につくようなものではない。付け焼き刃的な対策をして面接試験に臨んでも，面接官はあっという間に見抜いてしまう。日頃からチェックリストにあるような項目を意識しながら行動することが大事であり，そうすることで，最初はぎこちない挨拶や表情等も，その人の個性に応じたすばらしい所作へ変わっていくことができるのだ。さっそく，本日から実行してみよう。

面接試験において，印象を決定づける表情はとても大事。
どのようにすれば感じのいい表情ができるのか，ポイントを確認していこう。

明るく,温和で
柔らかな表情をつくろう

人間関係の潤滑油

表情に関しては，まずは豊かである
ということがベースになってくる。う
れしい表情，困った表情，驚いた表
情など，さまざまな気持ちを表現で
きるということが，人間関係を潤いの
あるものにしていく。

　表情はコミュニケーションの大前提。相手に「いつでも話しかけてくださ
いね」という無言の言葉を発しているのが，就活に求められる表情だ。面接
官が安心してコミュニケーションをとろうと思ってくれる表情。それが，明
るく，温和で柔らかな表情となる。

いますぐデキる
カンタンTraining

Training 01

喜怒哀楽を表してみよう

- ・人との出会いを楽しいと思うことが表情の基本
- ・表情を豊かにする大前提は相手の気持ちに寄り添うこと
- ・目元・口元だけでなく，眉の動きを意識することが大事

Training 02

表情筋のストレッチをしよう

- ・表情筋は「ウイスキー」の発音によって鍛える
- ・意識して毎日，取り組んでみよう
- ・笑顔の共有によって相手との距離が縮まっていく

コミュニケーションは挨拶から始まり，その挨拶ひとつで印象は変わるもの。
ポイントを確認していこう。

丁寧にしっかりと はっきり挨拶をしよう

人間関係の第一歩

挨拶は心を開いて，相手に近づくコミュニケーションの第一歩。たかが挨拶，されど挨拶の重要性をわきまえて，きちんとした挨拶をしよう。形，つまり"技"も大事だが，心をこめることが最も重要だ。

Point

　挨拶はコミュニケーションの第一歩。相手が挨拶するのを待っているのは望ましくない。挨拶の際のポイントは丁寧であることと，はっきり声に出すことの2つ。丁寧な挨拶は，相手を大事にして迎えている気持ちの表れとなる。はっきり声に出すことで，これもきちんと相手を迎えていることが伝わる。また，相手もその応答として挨拶してくれることで，会ってすぐに双方向のコミュニケーションが成立する。

いますぐデキる
カンタンTraining

Training **01**

3つのお辞儀をマスターしよう

① 会釈（15度）

② 敬礼（30度）

③ 最敬礼（45度）

- ・息を吸うことを意識してお辞儀をするとキレイな姿勢に
- ・目線は真下ではなく，床前方1.5m先ぐらいを見よう
- ・相手への敬意を忘れずに

Training **02**

対面時は言葉が先，お辞儀が後

- ・相手に体を向けて先に自ら挨拶をする
- ・挨拶時，相手とアイコンタクトを
  しっかり取ろう
- ・挨拶の後に，お辞儀をする。
  これを「語先後礼」という

コミュニケーションは「話す」よりも「聞く」ことといわれる。相手が話しやすい聞き方の，ポイントを確認しよう。

受容の立場で
傾聴しよう

相手の話を受けとめる

話を聞くときは，やや前に傾く姿勢をとる。表情と姿勢が合わさることにより，話し手の心が開き「あれも，これも話そう」という気持ちになっていく。また，「はい」と一度のお辞儀で頷くと相手の話を受け止めているというメッセージにつながる。

Point

　話をすること，話を聞いてもらうことは誰にとってもプレッシャーを伴うもの。そのため，「何でも話して良いんですよ」「何でも話を聞きますよ」「心配しなくて良いんですよ」という気持ちで聞くことが大切になる。その気持ちが聞く姿勢に表れれば，相手は安心して話してくれる。

いますぐデキる
カンタンTraining

Training 01
頷きは一度で

・相手が話した後に「はい」と
　一言発する
・頷きすぎは逆効果

Training 02
目線は自然に

・鼻の付け根あたりを見ると
　自然な印象に
・目を見つめすぎるのはNG

Training 03
話の句読点で視線を移す

・視線は話している人を見ることが基本
・複数の人の話を聞くときは句読点を意識し,
　視線を振り分けることで聞く姿勢を表す

伝わる話し方

自分の意思を相手に明確に伝えるためには，話し方が重要となる。はっきりと的確に話すためのポイントを確認しよう。

明るい発声を
心がけよう

ボリュームを意識して

話すときのポイントとしては，ボリュームを意識することが挙げられる。会議室の一番奥にいる人に声が届くように意識することで，声のボリュームはコントロールされていく。

Point

コミュニケーションとは「伝達」すること。どのようなことも，適当に伝えるのではなく，伝えるべきことがきちんと相手に届くことが大切になる。そのためには，はっきりと，分かりやすく，丁寧に，心を込めて話すこと。言葉だけでなく，表情やジェスチャーを加えることも有効。

カンタンTraining

Training 01

腹式呼吸で発声練習

- 「あえいうえおあお」と発声する
- 腹式呼吸は，胸部をなるべく動かさずに，息を吸うときにお腹や腰が膨らむよう意識する呼吸法

Training 02

早口言葉にチャレンジ

おあやや
母親に
お謝り

- 「おあやや，母親に，お謝り」と早口で
- 口がすぼまった「お」と口が開いた「あ」の発音に，変化をつけられるかがポイント

Training 03

ジェスチャーを有効活用

- 腰より上でジェスチャーをする
- 体から離した位置に手をもっていく
- ジェスチャーをしたら戻すところをさだめておく

身だしなみはその人自身を表すもの。身だしなみの基本について，ポイントを確認しよう。

清潔感,さわやかさを醸し出せるようにしよう

プロの企業人にふさわしい身だしなみを

信頼感，安心感をもたれる身だしなみを考えよう。TPOに合わせた服装は，すなわち"礼"を表している。そして，身だしなみには，「清潔感」，「品のよさ」，「控え目である」という，3つのポイントがある。

Point

相手との心理的な距離や物理的な距離が遠ければ，コミュニケーションは成立しにくくなる。見た目が不潔では誰も近付いてこない。身だしなみが清潔であること，爽やかであることは相手との距離を縮めることにも繋がる。

カンタンTraining

Training 01

髪型，服装を整えよう

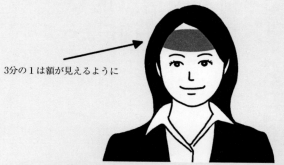

3分の1は額が見えるように

- 男性も女性も眉が見える髪型が望ましい。3分の1は額が見えるように。額は知性と清潔感を伝える場所。男性の髪の長さは耳や襟にかからないように
- スーツで相手の前に立つときは，ボタンはすべて留める。男性の場合は下のボタンは外す

Training 02

おしゃれとの違いを明確に

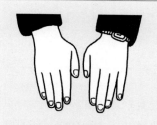

- 爪はできるだけ切りそろえる
- 爪の中の汚れにも注意
- ジェルネイル，ネイルアートはNG

Training 03

足元にも気を配って

- 女性の場合はパンプス，男性の場合は黒の紐靴が望ましい
- 靴はこまめに汚れを落とし見栄えよく

姿勢にはその人の意欲が反映される。前向き，活動的な姿勢を表すにはどうしたらよいか，ポイントを確認しよう。

前向き,活動的な 姿勢を維持しよう

■ 一直線と左右対称

正しい立ち姿として，耳，肩，腰，くるぶしを結んだ線が一直線に並んでいることが最大のポイントになる。そのラインが直線に近づくほど立ち姿がキレイに整っていることになる。また，"左右対称"というのもキレイな姿勢の要素のひとつになる。

Point

　姿勢は，身体と心の状態を反映するもの。そのため，良い姿勢でいることは，印象が清々しいだけでなく，健康で元気そうに見え，話しかけやすさにも繋がる。歩く姿勢，立つ姿勢，座る姿勢など，どの場面にも心身の健康状態が表れるもの。日頃から心身の健康状態に気を配り，フィジカルとメンタル両面の自己管理を心がけよう。

いますぐデキる
カンタンTraining

Training 01

キレイな歩き方を心がけよう

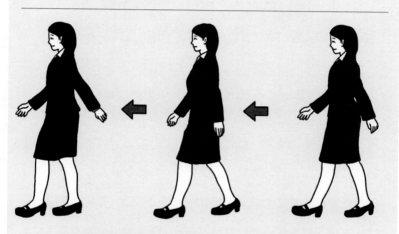

・女性は1本の線上を，男性はそれよりも太い線上を沿うように歩く
・一歩踏み出したときに前の足に体重を乗せるように，腰から動く
・12時の方向につま先をもっていく

Training 02

前向きな気持ちを持とう

・常に前向きな気持ちが姿勢を正す
・ポジティブ思考を心がけよう

言葉遣いの正しさはとは，場面にあった言葉を遣うということ。相手を気づかいながら，言葉を選ぶことで，より正しい言葉に近づいていく。

相手と場面に合わせた　　ふさわしい言葉遣いを

次の文は接客の場面でよくある間違えやすい敬語です。
それぞれの言い方は○×どちらでしょうか。

問1　「資料をご拝読いただきありがとうございます」

問2　「こちらのパンフレットはもういただかれましたか？」

問3　「恐れ入りますが，こちらの用紙にご記入してください」

問4　「申し訳ございませんが，来週，休ませていただきます」

問5　「先ほどの件，帰りましたら上司にご報告いたしますので」

Point

　ビジネスのシーンに敬語は欠くことができない。何度もやり取りをしていく中で，親しさの度合いによっては，あえてくだけた表現を用いることもあるが，「親しき仲にも礼儀あり」と言われるように，敬意や心づかいをおろそかにしてはいけないもの。相手に誤解されたり，相手の気分を壊すことのないように，相手や場面にふさわしい言葉遣いが大切になる。

解答と解説

問1　（×）　○正しい言い換え例

→「ご覧いただきありがとうございます」など

「拝読」は自分が「読む」意味の謙譲語なので，相手の行為に使うのは誤り。読むと見るは同義なため，多く，見るの尊敬語「ご覧になる」が用いられる。

問2　（×）　○正しい言い換え例

→「お持ちですか」「お渡ししましたでしょうか」　など

「いただく」は，食べる・飲む・もらうの謙譲語。「もらったかどうか」と聞きたいのだから，「おもらいになりましたか」と言えないこともないが，持っているかどうか，受け取ったかどうかという意味で「お持ちですか」などが使われることが多い。また，自分側が渡すような場合は，「お渡しする」を使って「お渡ししましたでしょうか」などの言い方に換えることもできる。

問3　（×）　○正しい言い換え例

→「恐れ入りますが，こちらの用紙にご記入ください」など

「ご記入する」の「お（ご）〜する」は謙譲語の形。相手の行為を謙譲語で表すことになるため誤り。「して」を取り除いて「ご記入ください」か，和語に言い換えて「お書きください」とする。ほかにも「お書き／ご記入・いただけますでしょうか・願います」などの表現もある。

問4　（△）

有給休暇を取る場合や，弔事等で休むような場面で，用いられることも多い。「休ませていただく」ということで一見丁寧に響くが，「来週休むと自分で休みを決めている」という勝手な表現にも受け取られかねない言葉だ。ここは同じ「させていただく」を用いても，相手の都合をうかがう言い方に換えて「○○がございまして，申し訳ございませんが，休みをいただいてもよろしいでしょうか」などの言い換えが好ましい。

問5　（×）○正しい言い換え例

→「上司に報告いたします」

「ご報告いたします」は，ソトの人との会話で使うとするならば誤り。「ご報告いたします」の「お・ご〜いたす」は，「お・ご〜する」と「〜いたす」という２つの敬語を含む言葉。そのうちの「お・ご〜する」は，主語である自分を低めて相手＝上司を高める働きをもつ表現（謙譲語Ⅰ）。一方「〜いたす」は，主語の私を低めて，話の聞き手に対して丁重に述べる働きをもつ表現（謙譲語Ⅱ　丁重語）。「お・ご〜する」も「〜いたす」も同じ謙譲語であるため紛らわしいが，主語を低める（謙譲）という働きは同じでも，行為の相手を高める働きがあるかないかという点に違いがあるといえる。

敬語は正しく使用することで，相手の印象を大きく変えることができる。尊敬語，謙譲語の区別をはっきりつけて，誤った用法で話すことのないように気をつけよう。

言葉の使い方が
マナーを表す！

■よく使われる尊敬語の形　「言う・話す・説明する」の例

専用の尊敬語型	おっしゃる
〜れる・〜られる型	言われる・話される・説明される
お（ご）〜になる型	お話しになる・ご説明になる
お（ご）〜なさる型	お話しなさる・ご説明なさる

■よく使われる謙譲語の形　「言う・話す・説明する」の例

専用の謙譲語型	申す・申し上げる
お（ご）〜する型	お話しする・ご説明する
お（ご）〜いたす型	お話しいたします・ご説明いたします

Point

　同じ尊敬語・謙譲語でも，よく使われる代表的な形がある。ここではその一例をあげてみた。敬語の使い方に迷ったときなどは，まずはこの形を思い出すことで，大抵の語はこの型にはめ込むことができる。同じ言葉を用いたほうがよりわかりやすいといえるので，同義に使われる「言う・話す・説明する」を例に考えてみよう。

　ほかにも「お話しくださる」や「お話しいただく」「お元気でいらっしゃる」などの形もあるが，まずは表の中の形を見直そう。

■よく使う動詞の尊敬語・謙譲語

なお，尊敬語の中の「言われる」などの「れる・られる」を付けた形は省力している。

基本	尊敬語（相手側）	謙譲語（自分側）
会う	お会いになる	お目にかかる・お会いする
言う	おっしゃる	申し上げる・申す
行く・来る	いらっしゃる おいでになる お見えになる お越しになる お出かけになる	伺う・参る お伺いする・参上する
いる	いらっしゃる・おいでになる	おる
思う	お思いになる	存じる
借りる	お借りになる	拝借する・お借りする
聞く	お聞きになる	拝聴する 拝聞する お伺いする・伺う お聞きする
知る	ご存じ（知っているという意で）	存じ上げる・存じる
する	なさる	いたす
食べる・飲む	召し上がる・お召し上がりになる お飲みになる	いただく・頂戴する
見る	ご覧になる	拝見する
読む	お読みになる	拝読する

「お伺いする」「お召し上がりになる」などは，「伺う」「召し上がる」自体が敬語なので
「二重敬語」ですが，慣習として定着しており間違いではないもの。

　上記の「敬語表」は，よく使うと思われる動詞をそれぞれ尊敬語・謙譲語
で表したもの。このように大体の言葉は型にあてはめることができる。言
葉の中には「お（ご）」が付かないものもあるが，その場合でも「～なさる」
を使って，「スピーチなさる」や「運営なさる」などと言うことができる。ま
た，表では，「言う」の尊敬語「言われる」の例は省いているが，れる・ら
れる型の「言われる」よりも「おっしゃる」「お話しになる」「お話しなさる」
などの言い方のほうが，より敬意も高く，言葉としても何となく響きが落ち
着くといった印象を受けるものとなる。

会話は相手があってのこと。いかなる場合でも，相手に対する心くばりを忘れないことが，会話をスムーズに進めるためのコツになる。

心くばりを添えるひと言で
言葉の印象が変わる!

　相手に何かを頼んだり，また相手の依頼を断ったり，相手の抗議に対して反論したりする場面では，いきなり自分の意見や用件を切り出すのではなく，場面に合わせて心くばりを伝えるひと言を添えてから本題に移ると，響きがやわらかくなり，こちらの意向も伝えやすくなる。俗にこれは「クッション言葉」と呼ばれている。（右表参照）

Point

　ビジネスの場面で，相手と話したり手紙やメールを送る際には，何か依頼事があってという場合が多いもの。その場合に「ちょっとお願いなんですが…」では，ふだんの会話と変わりがないものになってしまう。そこを「突然のお願いで恐れ入りますが」「急にご無理を申しまして」「こちらの勝手で恐縮に存じますが」「折り入ってお願いしたいことがございまして」などの一言を添えることで，直接的なきつい感じが和らぐだけでなく，「申し訳ないのだけれど，もしもそうしていただくことができればありがたい」という，相手への配慮や願いの気持ちがより強まる。このような前置きの言葉もうまく用いて，言葉に心くばりを添えよう。

相手の意向を尋ねる場合	「よろしければ」「お差し支えなければ」
	「ご都合がよろしければ」「もしお時間がありましたら」
	「もしお嫌いでなければ」「ご興味がおありでしたら」
相手に面倒を かけてしまうような場合	「お手数をおかけしますが」
	「ご面倒をおかけしますが」
	「お手を煩わせまして恐縮ですが」
	「お忙しい時に申し訳ございませんが」
	「お時間を割いていただき申し訳ありませんが」
	「貴重なお時間を頂戴し恐縮ですが」
自分の都合を 述べるような場合	「こちらの勝手で恐縮ですが」
	「こちらの都合（ばかり）で申し訳ないのですが」
	「私どもの都合ばかりを申しまして，まことに申し訳なく存じますが」
	「ご無理を申し上げまして恐縮ですが」
急な話をもちかけた場合	「突然のお願いで恐れ入りますが」
	「急にご無理を申しまして」
	「もっと早くにご相談申し上げるべきところでございましたが」
	「差し迫ってのことでまことに申し訳ございませんが」
何度もお願いする場合	「たびたびお手数をおかけしまして恐縮に存じますが」
	「重ね重ね恐縮に存じますが」
	「何度もお手を煩わせまして申し訳ございませんが」
	「ご面倒をおかけしてばかりで，まことに申し訳ございませんが」
難しいお願いをする場合	「ご無理を承知でお願いしたいのですが」
	「たいへん申し上げにくいのですが」
	「折り入ってお願いしたいことがございまして」
あまり親しくない相手に お願いする場合	「ぶしつけなお願いで恐縮ですが」
	「ぶしつけながら」
	「まことに厚かましいお願いでございますが」
相手の提案・誘いを断る場合	「申し訳ございませんが」
	「（まことに）残念ながら」
	「せっかくのご依頼ではございますが」
	「たいへん恐縮ですが」
	「身に余るお言葉ですが」
	「まことに失礼とは存じますが」
	「たいへん心苦しいのですが」
	「お引き受けしたいのはやまやまですが」
問い合わせの場合	「つかぬことをうかがいますが」
	「突然のお尋ねで恐縮ですが」

ここでは文章の書き方における，一般的な敬称について言及している。はがき，手紙，メール等，通信手段はさまざま。それぞれの特性をふまえて有効活用しよう。

相手の気持ちになって
見やすく美しく書こう

■敬称のいろいろ

敬称	使う場面	例
様	職名・役職のない個人	（例）飯田知子様／ご担当者様／経理部長　佐藤一夫様
殿	職名・組織名・役職のある個人（公用文など）	（例）人事部長殿／教育委員会殿／田中四郎殿
先生	職名・役職のない個人	（例）松井裕子先生
御中	企業・団体・官公庁などの組織	（例）○○株式会社御中
各位	複数あてに同一文書を出すとき	（例）お客様各位／会員各位

Point

　封筒・はがきの表書き・裏書きは縦書きが基本だが，洋封筒で親しい人にあてる場合は，横書きでも問題ない。いずれにせよ，定まった位置に，丁寧な文字でバランス良く，正確に記すことが大切。特に相手の住所や名前を乱雑な文字で書くのは，配達の際の間違いを引き起こすだけでなく，受け取る側に不快な思いをさせる。相手の気持ちになって，見やすく美しく書くよう心がけよう。

■各通信手段の長所と短所

	長所	短所	用途
封書	・封を開けなければ本人以外の目に触れることがない。 ・丁寧な印象を受ける。	・多量の資料・画像送付には不向き。 ・相手に届くまで時間がかかる。	・儀礼的な文書(礼状・わび状など) ・目上の人あての文書 ・重要な書類 ・他人に内容を読まれたくない文書
はがき・カード	・封書よりも気軽にやり取りできる。 ・年賀状や季節の便り，旅先からの連絡など絵はがきとしても楽しむことができる。	・封に入っていないため，第三者の目に触れることがある。 ・中身が見えるので，改まった礼状やわび状，こみ入った内容には不向き。 ・相手に届くまで時間がかかる。	・通知状　　　・案内状 ・送り状　　　・旅先からの便り ・各種お祝い　・お礼 ・季節の挨拶
FAX	・手書きの図やイラストを文章といっしょに送れる。 ・すぐに届く。 ・控えが手元に残る。	・多量の資料の送付には不向き。 ・事務的な用途で使われることが多く，改まった内容の文書，初対面の人へは不向き。	・地図，イラストの入った文書 ・印刷物（本・雑誌など）
電話	・急ぎの連絡に便利。 ・相手の反応をすぐに確認できる。 ・直接声が聞けるので,安心感がある。	・連絡できる時間帯が制限される。 ・長々としたこみ入った内容は伝えづらい。	・緊急の用件 ・確実に用件を伝えたいとき
メール	・瞬時に届く。　　・控えが残る。 ・コストが安い。 ・大容量の資料や画像をデータで送ることができる。 ・一度に大勢の人に送ることができる。 ・相手の居場所や状況を気にせず送れる。	・事務的な印象を与えるので，改まった礼状やわび状には不向き。 ・パソコンや携帯電話を持っていない人には送れない。 ・ウィルスなどへの対応が必要。	・データで送りたいとき ・ビジネス上の連絡

Point

　はがきは手軽で便利だが，おわびやお願い，格式を重んじる手紙には不向きとなる。この種の手紙は内容もこみ入ったものとなり，加えて丁寧な文章で書かなければならないので,数行で済むことはまず考えられない。また，封筒に入っていないため,他人の目に触れるという難点もある。このように，はがきにも長所と短所があるため，使う場面や相手によって，他の通信手段と使い分けることが必要となる。

　はがき以外にも，封書・電話・FAX・メールなど，現代ではさまざまな通信手段がある。上に示したように，それぞれ長所と短所があるので，特徴を知って用途によって上手に使い分けよう。

社会人のマナーとして，電話応対のスキルは必要不可欠。まずは失礼なく電話に出ることからはじめよう。積極性が重要だ。

相手の顔が見えない分
対応には細心の注意を

■電話をかける場合

---

①　○○先生に電話をする

×「私，□□社の××と言いますが，○○様はおられますでしょうか？」

○「**××と申しますが，○○様はいらっしゃいますか？**」

「おられますか」は「おる」を謙譲語として使うため，通常は相手がいるかどうかに関しては，「いらっしゃる」を使うのが一般的。

---

②　相手の状況を確かめる

×「こんにちは，××です，先日のですね…」

○「**××です，先日は有り難うございました，今お時間よろしいでしょうか？**」

相手が忙しくないかどうか，状況を聞いてから話を始めるのがマナー。また，やむを得ず夜間や早朝，休日などに電話をかける際は，「夜分（朝早く）に申し訳ございません」「お休みのところ恐れ入ります」などのお詫びの言葉もひと言添えて話す。

---

③　相手が不在，何時ごろ戻るかを聞く場合

×「戻りは何時ごろですか？」

○「**何時ごろお戻りになりますでしょうか？**」

「戻り」はそのままの言い方，相手にはきちんと尊敬語を使う。

---

④　また自分からかけることを伝える

×「そうですか，ではまたかけますので」

○「**それではまた後ほど（改めて）お電話させていただきます**」

戻る時間がわかる場合は，「またお戻りになりましたころにでも」「また午後にでも」などの表現もできる。

■電話を受ける場合

① 電話を取ったら

　× 「はい，もしもし，○○（社名）ですが」

　○ 「はい，○○（社名）でございます」

② 相手の名前を聞いて

　× 「どうも，どうも」

　○ 「いつもお世話になっております」

　あいさつ言葉として定着している決まり文句ではあるが，日頃のお付き合いがあってこそ。あいさつ言葉もきちんと述べよう。「お世話様」という言葉も時折耳にするが，敬意が軽い言い方となる。適切な言葉を使い分けよう。

③ 相手が名乗らない

　× 「どなたですか？」「どちらさまですか？」

　○ 「失礼ですが，お名前をうかがってもよろしいでしょうか？」

　名乗るのが基本だが，尋ねる態度も失礼にならないように適切な応対を心がけよう。

④ 電話番号や住所を教えてほしいと言われた場合

　× 「はい，いいでしょうか？」　　× 「メモのご用意は？」

　○ 「はい，申し上げます，よろしいでしょうか？」

　「メモのご用意は？」は，一見親切なようにも聞こえるが，尋ねる相手も用意していることがほとんど。押し付けがましくならない程度に。

⑤ 上司への取次を頼まれた場合

　× 「はい，今代わります」　　　× 「○○部長ですね，お待ちください」

　○ 「部長の○○でございますね，ただいま代わりますので，少々お待ちくださいませ」

　○○部長という表現は，相手側の言い方となる。自分側を述べる場合は，「部長の○○」「○○」が適切。

Point

　自分から電話をかける場合は，まずは自分の会社名や氏名を名乗るのがマナー。たとえ目的の相手が直接出た場合でも，電話では相手の様子が見えないことがほとんど。自分の勝手な判断で話し始めるのではなく，相手の都合を伺い，そのうえで話を始めるのが社会人として必要な気配りとなる。

時候の挨拶

月	漢語調の表現 候, みぎりなどを付けて用いられます	口語調の表現
1月 (睦月)	初春・新春 頌春・ 小寒・大寒・厳寒	皆様におかれましては, よき初春をお迎えのことと存じます／厳しい寒さが続いております／珍しく暖かな寒の入りとなりました／大寒という言葉通りの厳しい寒さでございます
2月 (如月)	春寒・余寒・残寒・ 立春・梅花・向春	立春とは名ばかりの寒さ厳しい毎日でございます／梅の花もちらほらとふくらみ始め, 春の訪れを感じる今日この頃です／春の訪れが待ち遠しいこのごろでございます
3月 (弥生)	早春・浅春・春寒・ 春分・春暖	寒さもようやくゆるみ, 日ましに春めいてまいりました／ひと雨ごとに春めいてまいりました／日増しに暖かさが加わってまいりました
4月 (卯月)	春暖・陽春・桜花・ 桜花爛漫	桜花爛漫の季節を迎えました／春光うららかな好季節となりました／花冷えとでも申しましょうか, 何だか肌寒い日が続いております
5月 (皐月)	新緑・薫風・惜春・ 晩春・立夏・若葉	風薫るさわやかな季節を迎えました／木々の緑が目にまぶしいようでございます／目に青葉, 山ほととぎす, 初鰹の句も思い出される季節となりました
6月 (水無月)	梅雨・向暑・初夏・ 薄暑・麦秋	初夏の風もさわやかな毎日でございます／梅雨前線が近づいてまいりました／梅雨の晴れ間にのぞく青空は, まさに夏を思わせるようです
7月 (文月)	盛夏・大暑・炎暑・ 酷暑・猛暑	梅雨が明けたとたん, うだるような暑さが続いております／長い梅雨も明け, いよいよ本格的な夏がやってまいりました／風鈴の音がわずかに涼を運んでくれているようです
8月 (葉月)	残暑・晩夏・処暑・ 秋暑	立秋とはほんとうに名ばかりの厳しい暑さの毎日です／残暑たえがたい毎日でございます／朝夕はいくらかしのぎやすくなってまいりました
9月 (長月)	初秋・新秋・爽秋・ 新涼・清涼	九月に入りましてもなお, 日差しの強い毎日です／暑さもやっとおとろえはじめたようでございます／残暑も去り, ずいぶんとしのぎやすくなってまいりました
10月 (神無月)	清秋・錦秋・秋涼・ 秋冷・寒露	秋風もさわやかな過ごしやすい季節となりました／街路樹の葉も日ごとに色を増しております／紅葉の便りの聞かれるころとなりました／秋深く, 日増しに冷気も加わってまいりました
11月 (霜月)	晩秋・暮秋・霜降・ 初霜・向寒	立冬を迎え, まさに冬到来を感じる寒さです／木枯らしの季節になりました／日ごとに冷気が増すようでございます／朝夕はひときわ冷え込むようになりました
12月 (師走)	寒冷・初冬・師走・ 歳晩	師走を迎え, 何かと慌ただしい日々をお過ごしのことと存じます／年の瀬も押しつまり, 何かとお忙しくお過ごしのことと存じます／今年も残すところわずかとなりました, お忙しい毎日とお察しいたします

いますぐデキる
シチュエーション別会話例

シチュエーション1　　取引先との会話

「非常に素晴らしいお話で感心しました」→NG！

「感心する」は相手の立派な行為や，優れた技量などに心を動かされるという意味。意味としては間違いではないが，目上の人に用いると，偉そうに聞こえかねない表現。「感動しました」などに言い換えるほうが好ましい。

シチュエーション2　　子どもとの会話

「お母さんは，明日はいますか？」→NG！

たとえ子どもとの会話でも，子どもの年齢によっては，ある程度の敬語を使うほうが好ましい。「明日はいらっしゃいますか」では，むずかしすぎると感じるならば，「お出かけですか」などと表現することもできる。

シチュエーション3　　同僚との会話

「今，お暇ですか」→NG？

同じ立場同士なので，暇に「お」が付いた形で「お暇」ぐらいでも構わないともいえるが，「暇」というのは，するべきことも何もない時間という意味。そのため「お暇ですか」では，あまりにも直接的になってしまう。その意味では「手が空いている」→「空いていらっしゃる」→「お手透き」などに言い換えることで，やわらかく敬意も含んだ表現になる。

シチュエーション4　　上司との会話

「なるほどですね」→NG！

「なるほど」とは，相手の言葉を受けて，自分も同意見であることを表すため，相手の言葉・意見を自分が評価するというニュアンスも含まれている。そのため自分が評価して述べているという偉そうな表現にもなりかねない。同じ同意ならば，頷き「おっしゃる通りです」などの言葉のほうが誤解なく伝わる。

就活スケジュールシート

■年間スケジュールシート

1月	2月	3月	4月	5月	6月
企業関連スケジュール					
自己の行動計画					

就職活動をすすめるうえで，当然重要になってくるのは，自己のスケジュール管理だ。企業の選考スケジュールを把握することも大切だが，自分のペースで進めることになる自己分析や業界・企業研究，面接試験のトレーニング等の計画を立てることも忘れてはいけない。スケジュールシートに「記入」する作業を通して，短期・長期の両方の面から就職試験を考えるきっかけにしよう。

7月	8月	9月	10月	11月	12月
企業関連スケジュール					
自己の行動計画					

第4章

SPI対策

　ほとんどの企業では，基本的な資質や能力を見極めるため適性検査を実施しており，現在最も使われているのがリクルートが開発した「SPI」である。

　テストの内容は，「言語能力」「非言語能力」「性格」の3つに分かれている。その人がどんな人物で，どんな仕事で力を発揮しやすいのか，また，どんな組織になじみやすいかなどを把握するために行われる。

　この章では，SPIの「言語能力」及び「非言語能力」の分野で，頻出内容を絞って，演習問題を構成している。演習問題に複数回チャレンジし，解説をしっかりと熟読して，学習効果を高めよう。

SPI 対策

●SPIとは

　SPIは，Synthetic Personality Inventoryの略称で，株式会社リクルートが開発・販売を行っている就職採用向けのテストである。昭和49年から提供が始まり，平成14年と平成25年の2回改訂が行われ，現在はSPI3が最新になる。

　SPIは，応募者の仕事に対する適性，職業の適性能力，興味や関心を見極めるのに適しており，現在の就職採用テストでは主流となっている。

　SPIは，「知的能力検査」と「性格検査」の2領域にわけて測定され，知的能力検査は「言語能力検査（国語）」と「非言語能力検査（数学）」に分かれている。オプション検査として，「英語（ENG）検査」を実施することもある。性格適性検査では，性格を細かく分析するために，非常に多くの質問が出される。SPIの性格適性検査では，正式な回答はなく，全ての質問に正直に答えることが重要である。

　本章では，その中から，「言語能力検査」と「非言語能力検査」に絞って収録している。

●SPIを利用する企業の目的

①：志望者から人数を絞る

　一部上場企業にもなると，数万単位の希望者が応募してくる。基本的な資質能力や会社への適性能力を見極めるため，SPIを使って，人数の絞り込みを行う。

②：知的能力を見極める

　SPIは，応募者1人1人の基本的な知的能力を比較することができ，それによって，受検者の相対的な知的能力を見極めることが可能になる。

③：性格をチェックする

　その職種に対する適性があるが，300程度の簡単な質問によって発想力やパーソナリティを見ていく。性格検査なので，正解というものはなく，正直に回答していくことが重要である。

●SPIの受検形式

　SPIは，企業の会社説明会や会場で実施される「ペーパーテスト形式」と，パソコンを使った「テストセンター形式」とがある。

　近年，ペーパーテスト形式は減少しており，ほとんどの企業が，パソコンを使ったテストセンター形式を採用している。志望する企業がどのようなテストを採用しているか，早めに確認し，対策を立てておくこと。

●SPIの出題形式

　SPIは，言語分野，非言語分野，英語 (ENG)，性格適性検査に出題形式が分かれている。

科目	出題範囲・内容
言語分野	二語の関係，語句の意味，語句の用法，文の並び換え，空欄補充，熟語の成り立ち，文節の並び換え，長文読解　等
非言語分野	推論，場合の数，確率，集合，損益算，速度算，表の読み取り，資料の読み取り，長文読み取り　等
英語 (ENG)	同意語，反意語，空欄補充，英英辞書，誤文訂正，和文英訳，長文読解　等
性格適性検査	質問：300問程度　　時間：約35分

●受検対策

　本章では，出題が予想される問題を厳選して収録している。問題と解答だけではなく，詳細な解説も収録しているので，分からないところは複数回問題を解いてみよう。

言語分野

二語関係

同音異義語

●あいせき
哀惜　死を悲しみ惜しむこと
愛惜　惜しみ大切にすること

●いぎ
意義　意味・内容・価値
異議　他人と違う意見
威儀　いかめしい挙動
異義　異なった意味

●いし
意志　何かをする積極的な気持ち
意思　しようとする思い・考え

●いどう
異同　異なり・違い・差
移動　場所を移ること
異動　地位・勤務の変更

●かいこ
懐古　昔を懐かしく思うこと
回顧　過去を振り返ること
解雇　仕事を辞めさせること

●かいてい
改訂　内容を改め直すこと
改定　改めて定めること

●かんしん
関心　気にかかること
感心　心に強く感じること
歓心　嬉しいと思う心

寒心　肝を冷やすこと

●きてい
規定　規則・定め
規程　官公庁などの規則

●けんとう
見当　だいたいの推測・判断・
　　　めあて
検討　調べ究めること

●こうてい
工程　作業の順序
行程　距離・みちのり

●じき
直　　すぐに
時期　時・折り・季節
時季　季節・時節
時機　適切な機会

●しゅし
趣旨　趣意・理由・目的
主旨　中心的な意味

●たいけい
体型　人の体格
体形　人や動物の形態
体系　ある原理に基づき個々のも
　　　のを統一したもの
大系　系統立ててまとめた叢書

●たいしょう

対象　行為や活動が向けられる相手

対称　対応する位置にあること

対照　他のものと照らし合わせること

●たんせい

端正　人の行状が正しくきちんとしているさま

端整　人の容姿が整っているさま

●はんざつ

繁雑　ごたごたと込み入ること

煩雑　煩わしく込み入ること

●ほしょう

保障　保護して守ること

保証　確かだと請け合うこと

補償　損害を補い償うこと

●むち

無知　知識・学問がないこと

無恥　恥を知らないこと

●ようけん

要件　必要なこと

用件　なすべき仕事

同訓漢字

●あう

合う…好みに合う。答えが合う。

会う…客人と会う。立ち会う。

遭う…事故に遭う。盗難に遭う。

●あげる

上げる…プレゼントを上げる。効果を上げる。

挙げる…手を挙げる。全力を挙げる。

揚げる…凧を揚げる。てんぷらを揚げる。

●あつい

暑い…夏は暑い。暑い部屋。

熱い…熱いお湯。熱い視線を送る。

厚い…厚い紙。面の皮が厚い。

篤い…志の篤い人。篤い信仰。

●うつす

写す…写真を写す。文章を写す。

映す…映画をスクリーンに映す。鏡に姿を映す。

●おかす

冒す…危険を冒す。病に冒された人。

犯す…犯罪を犯す。法律を犯す。

侵す…領空を侵す。プライバシーを侵す。

●おさめる

治める…領地を治める。水を治める。

収める…利益を収める。争いを収める。

修める…学問を修める。身を修める。

納める…税金を納める。品物を納める。

●かえる

変える…世界を変える。性格を変える。

代える…役割を代える。背に腹は代えられぬ。

替える…円をドルに替える。服を
　　　　替える。

●きく
聞く…うわさ話を聞く。明日の天
　　　気を聞く。
聴く…音楽を聴く。講義を聴く。

●しめる
閉める…門を閉める。ドアを閉め
　　　　る。
締める…ネクタイを締める。気を
　　　　引き締める。
絞める…首を絞める。絞め技をか
　　　　ける。

●すすめる
進める…足を進める。話を進める。
勧める…縁談を勧める。加入を勧
　　　　める。
薦める…生徒会長に薦める。

●つく
付く…傷が付いた眼鏡。気が付く。
着く…待ち合わせ場所の公園に着
　　　く。地に足が着く。

就く…仕事に就く。外野の守備に
　　　就く。

●つとめる
務める…日本代表を務める。主役
　　　　を務める。
努める…問題解決に努める。療養
　　　　に努める。
勤める…大学に勤める。会社に勤
　　　　める。

●のぞむ
望む…自分の望んだ夢を追いかけ
　　　る。
臨む…記者会見に臨む。決勝に臨
　　　む。

●はかる
計る…時間を計る。将来を計る。
測る…飛行距離を測る。水深を測
　　　る。

●みる
見る…月を見る。ライオンを見る。
診る…患者を診る。脈を診る。

演習問題

[1] カタカナで記した部分の漢字として適切なものはどれか。
　1　手続きがハンザツだ　　　　　　【汎雑】
　2　誤りをカンカすることはできない　【観過】
　3　ゲキヤクなので取扱いに注意する　【激薬】
　4　クジュウに満ちた選択だった　　　【苦重】
　5　キセイの基準に従う　　　　　　　【既成】

2 下線部の漢字として適切なものはどれか。

家で飼っている熱帯魚を<u>かんしょう</u>する。

1　干渉
2　観賞
3　感傷
4　勧奨
5　鑑賞

3 下線部の漢字として適切なものはどれか。

彼に責任を<u>ついきゅう</u>する。

1　追窮
2　追究
3　追給
4　追求
5　追及

4 下線部の語句について，両方とも正しい表記をしているものはどれか。

1　私と母とは<u>相生</u>がいい。　　・この歌を<u>愛唱</u>している。
2　それは<u>規成</u>の事実である。　・<u>既製</u>品を買ってくる。
3　同音<u>異義</u>語を見つける。　　・会議で<u>意議</u>を申し立てる。
4　選挙の<u>大勢</u>が決まる。　　　・作曲家として<u>大成</u>する。
5　<u>無常</u>の喜びを味わう。　　　・<u>無情</u>にも雨が降る。

5 下線部の漢字として適切なものはどれか。

彼の体調は<u>かいほう</u>に向かっている。

1　介抱
2　快方
3　解放
4　回報
5　開放

◯◯◯解答・解説◯◯◯

1 5

解説 1 「煩雑」が正しい。「汎」は「汎用(はんよう)」などと使う。2 「看過」が正しい。「観」は「観光」や「観察」などと使う。　3 「劇薬」が正しい。「少量の使用であってもはげしい作用のするもの」という意味であるが「激」を使わないことに注意する。　4 「苦渋」が正しい。苦しみ悩むという意味で，「苦悩」と同意であると考えてよい。　5 「既成概念」などと使う場合もある。同音で「既製」という言葉があるが，これは「既製服」や「既製品」という言葉で用いる。

2 2

解説 同音異義語や同訓異字の問題は，その漢字を知っているだけでは対処できない。「植物や魚などの美しいものを見て楽しむ」場合は「観賞」を用いる。なお，「芸術作品」に関する場合は「鑑賞」を用いる。

3 5

解説 「ついきゅう」は，特に「追究」「追求」「追及」が頻出である。「追究」は「あることについて徹底的に明らかにしようとすること」，「追求」は「あるものを手に入れようとすること」，「追及」は「後から厳しく調べること」という意味である。ここでは，「責任」という言葉の後にあるので，「厳しく」という意味が含まれている「追及」が適切である。

4 4

解説 1の「相生」は「相性」，2の「規成」は「既成」，3の「意議」は「異議」，5の「無常」は「無上」が正しい。

5 2

解説 「快方」は「よい方向に向かっている」という意味である。なお，1は病気の人の世話をすること，3は束縛を解いて自由にすること，4は複数人で回し読む文書，5は出入り自由として開け放つ，の意味。

四字熟語

☐曖昧模糊　あいまいもこ―はっきりしないこと。

☐阿鼻叫喚　あびきょうかん―苦しみに耐えられないで泣き叫ぶこと。はなはだしい惨状を形容する語。

☐暗中模索　あんちゅうもさく―暗闇で手さぐりでものを探すこと。様子がつかめずどうすればよいかわからないままやってみること。

☐以心伝心　いしんでんしん―無言のうちに心から心に意思が通じ合うこと。

☐一言居士　いちげんこじ―何事についても自分の意見を言わなければ気のすまない人。

☐一期一会　いちごいちえ――一生のうち一度だけの機会。

☐一日千秋　いちじつせんしゅう――一日会わなければ千年も会わないように感じられることから，一日が非常に長く感じられること。

☐一念発起　いちねんほっき―決心して信仰の道に入ること。転じてある事を成就させるために決心すること。

☐一網打尽　いちもうだじん――一網打つだけで多くの魚を捕らえることから，一度に全部捕らえること。

☐一獲千金　いっかくせんきん――一時にたやすく莫大な利益を得ること。

☐一挙両得　いっきょりょうとく――一つの行動で二つの利益を得ること。

☐意馬心猿　いばしんえん―馬が走り，猿が騒ぐのを抑制できないことにたとえ，煩悩や欲望の抑えられないさま。

☐意味深長　いみしんちょう―意味が深く含蓄のあること。

☐因果応報　いんがおうほう―よい行いにはよい報いが，悪い行いには悪い報いがあり，因と果とは相応じるものであるということ。

☐慇懃無礼　いんぎんぶれい―うわべはあくまでも丁寧だが，実は尊大であること。

☐有為転変　ういてんぺん―世の中の物事の移りやすくはかない様子のこと。

☐右往左往　うおうさおう―多くの人が秩序もなく動き，あっちへ行ったりこっちへ来たり，混乱すること。

□右顧左眄　うこさべん―右を見たり，左を見たり，周囲の様子ばかりう
　　　　　かがっていて決断しないこと。

□有象無象　うぞうむぞう―世の中の無形有形の一切のもの。たくさん集
　　　　　まったつまらない人々。

□海千山千　うみせんやません―経験を積み，その世界の裏まで知り抜い
　　　　　ている老獪な人。

□紆余曲折　うよきょくせつ―まがりくねっていること。事情が込み入っ
　　　　　て，状況がいろいろ変化すること。

□雲散霧消　うんさんむしょう―雲や霧が消えるように，あとかたもなく
　　　　　消えること。

□栄枯盛衰　えいこせいすい―草木が繁り，枯れていくように，盛んになっ
　　　　　たり衰えたりすること。世の中の浮き沈みのこと。

□栄耀栄華　えいようえいが―権力や富貴をきわめ，おごりたかぶること。

□会者定離　えしゃじょうり―会う者は必ず離れる運命をもつというこ
　　　　　と。人生の無常を説いたことば。

□岡目八目　おかめはちもく―局外に立ち，第三者の立場で物事を観察す
　　　　　ると，その是非や損失がよくわかるということ。

□温故知新　おんこちしん―古い事柄を究め新しい知識や見解を得るこ
　　　　　と。

□臥薪嘗胆　がしんしょうたん―たきぎの中に寝，きもをなめる意で，目
　　　　　的を達成するのために苦心，苦労を重ねること。

□花鳥風月　かちょうふうげつ―自然界の美しい風景，風雅のこころ。

□我田引水　がでんいんすい―自分の利益となるように発言したり行動し
　　　　　たりすること。

□画竜点睛　がりょうてんせい―竜を描いて最後にひとみを描き加えたと
　　　　　ころ，天に上ったという故事から，物事を完成させるために
　　　　　最後に付け加える大切な仕上げ。

□夏炉冬扇　かろとうせん―夏の火鉢，冬の扇のようにその場に必要のな
　　　　　い事物。

□危急存亡　ききゅうそんぼう―危機が迫ってこのまま生き残れるか滅び
　　　　　るかの瀬戸際。

□疑心暗鬼　ぎしんあんき―心の疑いが妄想を引き起こして実際にはいな
　　　　　い鬼の姿が見えるようになることから，疑心が起こると何で

もないことまで恐ろしくなること。

□玉石混交　ぎょくせきこんこう―すぐれたものとそうでないものが入り混じっていること。

□荒唐無稽　こうとうむけい―言葉や考えによりどころがなく，とりとめもないこと。

□五里霧中　ごりむちゅう―迷って考えの定まらないこと。

□針小棒大　しんしょうぼうだい―物事を大袈裟にいうこと。

□大同小異　だいどうしょうい―細部は異なっているが総体的には同じであること。

□馬耳東風　ばじとうふう―人の意見や批評を全く気にかけず聞き流すこと。

□波瀾万丈　はらんばんじょう―さまざまな事件が次々と起き，変化に富むこと。

□付和雷同　ふわらいどう――一定の見識がなくただ人の説にわけもなく賛同すること。

□粉骨砕身　ふんこつさいしん―力の限り努力すること。

□羊頭狗肉　ようとうくにく―外見は立派だが内容がともなわないこと。

□竜頭蛇尾　りゅうとうだび―初めは勢いがさかんだが最後はふるわないこと。

□臨機応変　りんきおうへん―時と場所に応じて適当な処置をとること。

演習問題

1 「海千山千」の意味として適切なものはどれか。
1　様々な経験を積み，世間の表裏を知り尽くしてずる賢いこと
2　今までに例がなく，これからもあり得ないような非常に珍しいこと
3　人をだまし丸め込む手段や技巧のこと
4　一人で千人の敵を相手にできるほど強いこと
5　広くて果てしないこと

2 四字熟語として適切なものはどれか。
　1　竜頭堕尾
　2　沈思黙考
　3　孟母断危
　4　理路正然
　5　猪突猛伸

3 四字熟語の漢字の使い方がすべて正しいものはどれか。
　1　純真無垢　　青天白日　　疑心暗鬼
　2　短刀直入　　自我自賛　　危機一髪
　3　厚顔無知　　思考錯誤　　言語同断
　4　異句同音　　一鳥一石　　好機当来
　5　意味深長　　興味深々　　五里霧中

4 「一蓮托生」の意味として適切なものはどれか。
　1　一味の者を一度で全部つかまえること。
　2　物事が順調に進行すること。
　3　ほかの事に注意をそらさず，一つの事に心を集中させているさま。
　4　善くても悪くても行動・運命をともにすること。
　5　妥当なものはない。

5 故事成語の意味で適切なものはどれか。
　「塞翁(さいおう)が馬」
　1　たいして差がない
　2　幸不幸は予測できない
　3　肝心なものが欠けている
　4　実行してみれば意外と簡単
　5　努力がすべてむだに終わる

1 1

解説 2は「空前絶後」，3は「手練手管」，4は「一騎当千」，5は「広大無辺」である。

2 2

解説 2の沈思黙考は，「思いにしずむこと。深く考えこむこと。」の意味である。なお，1は竜頭蛇尾(始めは勢いが盛んでも，終わりにはふるわないこと)，3は孟母断機(孟子の母が織りかけの織布を断って，学問を中途でやめれば，この断機と同じであると戒めた譬え)，4は理路整然(話や議論の筋道が整っていること)，5は猪突猛進(いのししのように向こう見ずに一直線に進むこと)が正しい。

3 1

解説 2は「単刀直入」「自画自賛」，3は「厚顔無恥」「試行錯誤」「言語道断」，4は「異口同音」「一朝一夕」「好機到来」，5は「興味津々」が正しい。四字熟語の意味を理解する際，どのような字で書かれているかを意識するとよい。

4 4

解説 「一蓮托生」は，よい行いをした者は天国に行き，同じ蓮の花の上に生まれ変わるという仏教の教えから，「(ことの善悪にかかわらず)仲間として行動や運命をともにすること」をいう。

5 2

解説 「塞翁が馬」は「人間万事塞翁が馬」と表す場合もある。1は「五十歩百歩」，3は「画竜点睛に欠く」，4は「案ずるより産むが易し」，5は「水泡に帰する」の故事成語の意味である。

文法

I　品詞の種類

II　動詞の活用形

活用	基本	語幹	未然	連用	終止	連体	仮定	命令
五段	読む	読	ま　も	み	む	む	め	め
上一段	見る	見	み	み	みる	みる	みれ	みよ
下一段	捨てる	捨	て	て	てる	てる	てれ	てよ　てろ
カ変	来る	来	こ	き	くる	くる	くれ	こい
サ変	する	す	さ　し　せ	し	する	する	すれ	せよ　しろ
	主な接続語		ナイ　ウ・ヨウ	マス　テ・タ	言い切る	コト　トキ	バ	命令

III　形容詞の活用形

基本	語幹	未然	連用	終止	連体	仮定	命令
美しい	うつくし	かろ	かっ　く	い	い	けれ	○
主な用法		ウ	ナル　タ	言い切る	体言	バ	

IV　形容動詞の活用形

基本	語幹	未然	連用	終止	連体	仮定	命令
静かだ	静か	だろ	だっ　で　に	だ	な	なら	○
主な用法		ウ	タ　アル　ナル	言い切る	体言	バ	

Ⅴ　文の成分

　　主語・述語の関係………花が ─ 咲いた。
　　修飾・被修飾の関係……きれいな ─ 花。
　　接続の関係………………花が咲いた<u>ので</u>，花見をした。
　　並立の関係………………<u>赤い花</u>と<u>白い花</u>。
　　補助の関係………………花が<u>咲いている</u>。（二文節で述語となっている）

〈副詞〉自立語で活用せず，単独で文節を作り，多く連用修飾語を作る。
　　状態を表すもの…………ついに・さっそく・しばらく・ぴったり・すっ
　　　　　　　　　　　　　　かり
　　程度を表すもの…………もっと・すこし・ずいぶん・ちょっと・ずっと
　　陳述の副詞………………決して〜ない・なぜ〜か・たぶん〜だろう・も
　　　　　　　　　　　　　　し〜ば

〈助動詞〉付属語で活用し，主として用言や他の助動詞について意味を添える。
　① 使役……せる・させる（学校に行か<u>せる</u>　服を着<u>させる</u>）
　② 受身……れる・られる（先生に怒<u>られる</u>　人に見<u>られる</u>）
　③ 可能……れる・られる（歩いて行か<u>れる</u>距離　まだ着<u>られる</u>服）
　④ 自発……れる・られる（ふと思い出<u>される</u>　容態が案じ<u>られる</u>）
　⑤ 尊敬……れる・られる（先生が話<u>される</u>　先生が来<u>られる</u>）
　⑥ 過去・完了……た（話を聞い<u>た</u>　公園で遊<u>んだ</u>）
　⑦ 打消……ない・ぬ（僕は知ら<u>ない</u>　知ら<u>ぬ</u>存ぜ<u>ぬ</u>）
　⑧ 推量……だろう・そうだ（晴れる<u>だろう</u>　晴れ<u>そうだ</u>）
　⑨ 意志……う・よう（旅行に行こ<u>う</u>　彼女に告白し<u>よう</u>）
　⑩ 様態……そうだ（雨が降り<u>そうだ</u>）
　⑪ 希望……たい・たがる（いっぱい遊び<u>たい</u>　おもちゃを欲し<u>がる</u>）
　⑫ 断定……だ（悪いのは相手の方<u>だ</u>）
　⑬ 伝聞……そうだ（試験に合格した<u>そうだ</u>）
　⑭ 推定……らしい（明日は雨<u>らしい</u>）
　⑮ 丁寧……です・ます（それはわたし<u>です</u>　ここにあり<u>ます</u>）
　⑯ 打消推量・打消意志……まい（そんなことはある<u>まい</u>　けっして言
　　　　　　　　　　　　　　う<u>まい</u>）

〈助詞〉付属語で活用せず，ある語について，その語と他の語との関係を補助したり，意味を添えたりする。

① 格助詞……主として体言に付き，その語と他の語の関係を示す。

→が・の・を・に・へ・と・から・より・で・や

② 副助詞……いろいろな語に付いて，意味を添える。

→は・も・か・こそ・さえ・でも・しか・まで・ばかり・だけ・など

③ 接続助詞……用言・活用語に付いて，上と下の文節を続ける。

→ば・けれども・が・のに・ので・ても・から・たり・ながら

④ 終助詞……文末（もしくは文節の切れ目）に付いて意味を添える。

→なあ（感動）・よ（念押し）・な（禁止）・か（疑問）・ね（念押し）

演習問題

1 次のア〜オのうち，下線部の表現が適切でないものはどれか。

1 彼はいつもまわりに愛嬌をふりまいて，場を和やかにしてくれる。

2 的を射た説明によって，よく理解することができた。

3 舌先三寸で人をまるめこむのではなく，誠実に説明する。

4 この重要な役目は，彼女に白羽の矢が当てられた。

5 二の舞を演じないように，失敗から学ばなくてはならない。

2 次の文について，言葉の用法として適切なものはどれか。

1 矢折れ刀尽きるまで戦う。

2 ヘルプデスクに電話したが「分かりません」と繰り返すだけで取り付く暇もなかった。

3 彼の言動は肝に据えかねる。

4 彼は証拠にもなく何度も賭け事に手を出した。

5 適切なものはない。

3 下線部の言葉の用法として適切なものはどれか。

1 彼はのべつ暇なく働いている。

2 あの人の言動は常軌を失っている。

3 彼女は熱に泳がされている。

4 彼らの主張に対して間髪をいれずに反論した。

5 彼女の自分勝手な振る舞いに顔をひそめた。

4 次の文で，下線部が適切でないものはどれか。
1 ぼくの目標は，兄より早く走れるように<u>なること</u>です。
2 先生の<u>おっしゃること</u>をよく聞くのですよ。
3 昨日は家で本を読んだり，テレビを<u>見て</u>いました。
4 風にざわめく木々は，まるで私たちにあいさつをして<u>いるようだった</u>。
5 先生の業績については，よく<u>存じております</u>。

5 下線部の言葉の用法が適切でないものはどれか。
1 <u>急いては事を仕損じる</u>ので，マイペースを心がける。
2 彼女は<u>目端が利く</u>。
3 <u>世知辛い</u>世の中になったものだ。
4 安全を<u>念頭に置いて</u>作業を進める。
5 次の試験に<u>標準を合わせて</u>勉強に取り組む。

○○○解答・解説○○○

1 4

解説 1の「愛嬌をふりまく」は，おせじなどをいい，明るく振る舞うこと，2の「的を射る」は的確に要点をとらえること，3の「舌先三寸」は口先だけの巧みに人をあしらう弁舌のこと，4はたくさんの中から選びだされるという意味だが，「白羽の矢が当てられた」ではなく，「白羽の矢が立った」が正しい。5の「二の舞を演じる」は他人がした失敗を自分もしてしまうという意味である。

2 5

解説 1「刀折れ矢尽きる」が正しく，「なす術がなくなる」という意味である。 2 話を進めるきっかけが見つからない。すがることができない，という意味になるのは「取り付く島がない」が正しい。 3 「言動」という言葉から，「我慢できなくなる」という意味の言葉を使う必要がある。「腹に据えかねる」が正しい。 4 「何度も賭け事に手を出した」という部分から「こりずに」という意味の「性懲りもなく」が正しい。

3 4

解説 1「のべつ幕なしに」，2は「常軌を逸している」，3は「熱に浮かされている」，5は「眉をひそめた」が正しい。

4 3

解説 3は前に「読んだり」とあるので，後半も「見たり」にしなければならないが，「見ていました」になっているので表現として適当とはいえない。

5 5

解説 5は，「狙う，見据える」という意味の「照準」を使い，「照準を合わせて」と表記するのが正しい。

演習問題

1 次の文章を意味が通るように並べ替えたとき，順番として最も適切なものはどれか。

　A　読書にしたしむ工夫の一つは，自分に興味のあるもの，いや，読み出したらご飯を食べるのも忘れるほど興味のある本をまず読むことです。そんな本を見つけ出せというと，大変むつかしい注文のように聞こえるけれども，決してそうではない。健康な中学生，高校生なら世界の名作といわれるものの必ずしも全部ではないが，その半分，あるいはその三分の一くらいの文学作品には，必ず強い興味をひかれるはずだと思うのです。

　B　面白い長篇小説を読み上げると，きっと人に話したくなるものですが，友だちにすすめてこれを読ませ，仲間で討論会—それほどむつかしく考えなくてもいいけれども，ここは面白かった，あそこの意味はよくわからなかった，というような話合いをすること，これが第二の手だてです。手だてというとかた苦しいが，読後の感想を，気心の知れた友達と語り合うということは，なかなか楽しいことなのです。話合うクセがつくと，読んだことも頭と心に深くしみ込むし，また次の本を読みたい気持もそそられてくるに違いありません。

　C　自分の好きな本を見つけて，読み上げる。そういうことを何回も重ねてゆくということが第一の手だてです。そうするうちに本を読むスピードも自然に早くなるし，また自分は大きな本でも読みあげる力があるという自信がつきます。すべての人間のすることは，ぼくにはこれがやれる，という自信をもってやらなければ，うまく成功しないものですが，読書もまた同じことで，自分の読書力についての自信を強めることが第一です。そのためには若い諸君は，文学ならおもしろい長篇小説，たとえばスタンダールの『赤と黒』だとか，トルストイの『復活』だとか，あの程度の長さの名作を読むことをおすすめします。

　　　　　　　　　　　　　　（『私の読書遍歴』桑原武夫著）

　1　A－B－C
　2　A－C－B
　3　B－C－A

4　C－B－A
　　5　C－A－B

2　次の文章中の（　　　）内に，あとのア～キの7つの文を並べ替えて入れると意味の通った文章になる。並べ方の最も適切なものはどれか。

　以上は，わたしが読む人間から書く人間へ変化していった過程である。わたしの精神が読む働きから書く働きへ移っていったコースである。もちろん，（　　　　　　　　）特別の天才は別として，わたしたちは，多量の精神的エネルギーを放出しなければ，また，精神の戦闘的な姿勢がなければ，小さな文章でも書くことはできないのである。

　ア　それに必要な精神的エネルギーの量から見ると，書く，読む，聞く……という順でしだいに減っていくようである。

　イ　すなわち，読むという働きがまだ受動的であるのに反して，書くという働きは完全に能動的である。

　ウ　しかし，書くという働きに必要なエネルギーは読むという働きに必要なエネルギーをはるかに凌駕する。

　エ　そこには，精神の姿勢の相違がある。

　オ　読むという働きは，聞くという働きなどに比べれば多量のエネルギーを必要とする。

　カ　同様に精神の働きではあるが，一方はかなりパッシブであり，他方は極めてアクチブである。

　キ　更に考えてみると，読む働きと書く働きとの間には，必要とするエネルギーの大小というだけでなく，もっと質的な相違があると言わねばならない。

　　1　ア－ウ－オ－キ－エ－イ－カ
　　2　オ－ウ－ア－キ－エ－イ－カ
　　3　オ－イ－カ－ウ－ア－キ－エ
　　4　エ－オ－ウ－イ－カ－キ－ア
　　5　オ－ア－イ－カ－ウ－キ－エ

3　次の文章の並べ替え方として最も適切なものはどれか。

　A　マジックの番組かと思ったらそうではなかった。政治討論の番組であり，声を荒らげていたのは，年金の記録が不明確になってしまったものの表現について話している途中の部分だった。

　B　政府側からみれば，「消えた」のではなく，誰に払うべきか分からな

くなってしまったものであるから，「宙に浮いた」と表現したいといったところか。

C　要するにどの立場に立つかによって表現の仕方は変わるのである。逆に言えば，どの表現を用いているかをみれば，その人が，どの立場で，誰の味方となって発言しているかが分かるのである。

D　もらえなかった人にとっては，「消えた」という表現がぴったりであろう。自分が信じて払い，受給する権利がなくなってしまうのであるから，それ以上の表現はない。

E　テレビをつけたままで仕事をしていたら，「消えたのではなく宙に浮いたのだ」と誰かが声を荒らげていた。

1　E－C－A－D－B
2　E－B－D－A－C
3　E－A－D－C－B
4　E－A－D－B－C
5　E－B－D－C－A

○○○解答・解説○○○

1 2

解説　Cに「第一の手だて」，Bに「第二の手だて」とあるので，C，Bという順番はわかるだろう。Aをどこに置くかで悩むかもしれないが，Cに「自分の好きな本を見つけて」とあり，これがAの「興味のある本を見つけ出すことは決して難しいことではない」という内容につながっていると考えられる。よって，Cの前にAが来ると考えられる。

2 2

解説　出典は清水幾太郎の『論文の書き方』ある。文章を整序する問題は，指示語や接続語に注意しながら，文意が通るように並べ替えていくことが大切である。この問題の場合，選択肢をヒントととらえると「もちろん」の直後には「ア・エ・オ」のいずれかが入ることがわかる。アは「それに必要な精神的エネルギーの量から見ると……」という文になっているので，文頭の「それに」は接続詞ではなく「それ（代名詞）＋に（助詞）」の指示語ととらえられる。そうすると，「もちろん」の直後に入れた場合文意が通らなくなるので，アで始まっている1は誤りとして消去できる。同様にエ

も「そこ」に注目すると文意が通らないことがわかるので，4も消去できる。オは文意が通るので2・3・5について検討していけばよいことになる。したがってオの後ろには「ア・イ・ウ」のいずれかが入ることがわかる。それぞれをあてはめていくと，逆接の接続詞「しかし」で始まっているウが最も文意が通ることに気づく。そうなると2しか残らない。2の順番どおりに読み進めていき，流れがおかしくないかどうか検討し，おかしくなければ正答とみなすことができる。よって，正答は2。

3 4

解説　作問者による書き下ろし。「発端」「発端についての説明」「まとめ」といった構成になっている。「発端」はEであり，「まとめ」の部分についてはCが該当する。「発端についての説明」については，Aにおいてテレビから聞こえた内容を明らかにし，「消えた」とする立場（D），「宙に浮いた」とする立場（B）からそれぞれ説明している。

演習問題

1 次の文章の内容と一致するものはどれか。

　そもそも神学というものは一般に何かある特定の宗教の信仰内容を論理的な教義に組織したものであります。どういう宗教でも伝道ということを意図する以上は，人を説得するために必ずそういう神学をもたざるをえない。世界的宗教というような，そういう一般人類に通ずる宗教ということを標榜する宗教においては，必ずその宗教を他に伝える伝道ということがその任務に属している。ところで伝道とは，言葉で人に語って，人を説得することをいうわけだから，そこにおのずから論理的に思考し論証するということがなければならなくなる。論理的ということは，そういう場合には論証的，推論的ということになる。ただわれわれが物を考えるというだけならば必ずしも論理的とはいわれない。（略）論理的ということは推論的ということである。ヘーゲルが論理的というのはそういう推論的という意味です。

　1　ヘーゲルのいう推論は，論理性を離れたものを前提としている。
　2　世界宗教の開祖は，自らの教義の確立の時点において，神学の構築を意識していた。
　3　私たちの思考は，必然的に論理的なものになりうる。
　4　論理的であることと，推論的であることは，互いに深い繋がりがある。
　5　宗教的な信仰は，純粋な感情を出発点にするので，論理による説得にはなじまない。

2 次の文の空欄に入る語句として，最も適切なものはどれか。

　自分がその真只中を生きている老いがある一方には，まだ若い年齢で遠くから眺めている老いというものもあります。老化の進行する具体的体験を持たぬ分だけ，それはいわば観念としての老いであり，観察対象としての老いであるかもしれない。しかし見方によっては，そこに老人自身が描くのとは異なった老いの客観像が浮かび出ているとも言えるでしょう。

　文学作品の場合，もし若くして老年や老人を描くとしたら，その中に特別の意味が隠されているように思われます。自らが渦中にある老いを捉えた優れた小説に切実なリアリティーが宿るのは確かですが，（　　　）には，

また別の，いわば思念としての切実さやリアリティーが孕まれているのではないでしょうか。人の生涯を遠望した上で，その終りに近い老年に託されたものの姿が垣間見えると考えられるからです。

1 当事者の立場から感じられる老い
2 傍観者として眺められた老い
3 距離を置いて眺められた老い
4 実体験に基づいた老い
5 想像力のみによってとらえられた老い

3 次の文章の要旨として正しいものはどれか。

　私たちは，日常の生活の中で話したり聞いたり，書いたり読んだりしている。すなわち，言語行動は日常生活の中におり込まれている。ちょっと考えてみても，朝起きると新聞を「読む」，出かける前に天気予報を「聞く」，店先で買い物をしたり，役所の窓口で手つづきをしたりするときは「言う」あるいは「話す」，遠くの人に用事があれば手紙を「書く」。——こうした言語行動は，そのことだけ切りはなされていとなまれるのではなく，いろいろな目的を持ち，さまざまの結果につながっている。新聞を読むことによって知識を得たり教養をつんだり，そこから自分の生活の方針を考えたりすることができる。天気予報を聞くのは，傘を用意するかしないか，遠方へ出かけるかどうか，これからの行動を決行することに関係する。店先で買物をするとき店員と話したり，銀行の窓口でものを言ったりすることは，何よりも切実な〈経済生活〉を遂行するためには不可欠のことである。

　こんな例からもわかるように，言語行動は日常生活の中に位置して，その重要な部分をなしている。家庭であろうと，店先であろうと，学校であろうと，オフィスであろうと，はたまた，駅であろうと，路上であろうと，人と人との寄り合うところには，必ず言語行動が行われる。

1 言語には「話す」「聞く」「書く」「読む」の4つの側面がある。
2 話し言葉，書き言葉にはそれぞれの役割がある。
3 言語を駆使できないと，社会生活に支障をきたす。
4 人間が社会生活を営めるのは言語を持っているからだ。
5 社会生活にとって，言語は不可欠である。

4 次の文章中で筆者が友人たちに対して感じた「よそよそしさ」の原因と考えられるものはどれか。

一九五八年，おそらく戦後はじめての大がかりな規模の日本古美術欧州巡回展が開催されたことがある。当時パリに留学中であった私は，思いがけなく，日本でもそう容易に見ることのできない数多くの故国の秘宝と直接異国で接する機会を得たわけだが，その時，フランス人の友人たちと何回か会場を廻りながら，私は大変興味深い体験を味わった。

それは，同じ作品を前にしながら，フランスの友人たちの反応の仕方と私自身のそれとのあいだに微妙な喰い違いのあるのに気づかされたことである。といってそれは，彼らが必ずしも日本美術に無理解だというのではない。私の通っていたパリの美術研究所の優秀な仲間で，東洋美術についてかなり深い知識を持っている人でも事情は同じなのである。一般的に言って，彼らの作品評価はおおむね正当である。おおむね正当でありながら，ほんのわずかのところでわれわれ日本人と喰い違っている。そのほんのわずかの喰い違いというのが私には意味深いことのように思われたのである。

そのことはおそらく，その古美術展の会場で，私がフランス人の友人たちに対し，例えば，ルーヴル美術館をいっしょに見る時などには決して感じたことのないような一種のよそよそしさを感じたことと無縁ではないに違いない。平素は何の気がねもなくつきあっている気心の知れた友人たちが雪舟や等伯の作品を前にしていると，ほとんどそれと気づかないくらいわずかながら，私から距離が遠くなったように感じられたのである。それはあるいは，私ひとりの思い過ごしであったのかもしれない。われわれのあいだで会話は平素と少しも変った調子を響かせなかったし，友人たちの方でも何ら変った態度を見せたわけではない。いやおそらくそういう私自身にしても，外から見たかぎりではまったくふだんと同じであったろう。しかもそれでいて私が彼らに対して漠然とながら一種のよそよそしさを覚えたとしたら，それはいったい何を物語っていたのだろう。

1　日本古美術に対する友人たちの無関心
2　雪舟や等伯に対する友人たちの無関心
3　雪舟や等伯に対する友人たちの違和感
4　日本画に対する友人たちの不見識
5　友人たちの自国（フランス）の文化に対する優越感

5 次の文章の下線部はどのようなことを指しているか。

　珠算での計算において，ソロバンの珠の動かし方そのものは単純である。数時間もあれば，そのやり方を学ぶことができる。そこで，その後の珠算塾での「学習」は，もっぱら計算（珠の操作）が速くなることに向けられる。一定時間内に，桁数の大きい数の計算がどのくらいたくさん誤りなくできるかによって珠算の「実力」が評価され，「級」や「段」が与えられる。子どもたちは，より上の級に上がるため，珠算での計算の速度を速めるよう練習をくり返すのである。

　そこでは多くの場合，なぜこのやり方はうまくいくのか，このステップはどんな意味をもっているのか，などを考えてみようとはしないであろう。教えられたやり方を使って計算しさえすれば，正しい答えがちゃんと出てくるし，何度もくり返し練習すれば確実に速くなる。そして望み通り，級も上へと進むことができるのである。したがって，珠算での熟達者は，計算は非常に速いが，珠算の手続きの本質的意味については理解していない，ということが起こりやすい。
　1　教えられたやり方を疑ってみること
　2　なぜ珠算が熟達したのかと考えてみること
　3　なぜ珠算を練習する必要があるのかということ
　4　珠算の各ステップはどんな意味を持っているのかということ
　5　珠算の習熟には計算能力の向上以外の意義があるということ

6 次の文の要旨として，正しいものはどれか。

　法律では，十八歳になると誰でも自分の生き方を選ぶ権利がある，ということになっている。つまり法律上誰でも「自由」を保証される。でもここには原則がある。

　近代社会では，人が「自由」を保証されるのは，人間が生まれつき自由だから，というのではぜんぜんありません。十八歳くらいになれば，他人の自由を尊重することができ，万一誰かの自由を損なったらきちんとそれを償う能力があるはずだ，ということです。他人の自由を尊重し，守れる能力がある，そのことで，はじめて人は「自由」と「人権」を保証される。そういう原則になっている。それが「自由の相互承認」ということです。

　こう言うと，「だったら身障者の人たちはどうなるんだ」という人もいるでしょう。たしかにそうで，知力や身体性に難があるために，他人の自由を損なったとき，それを補償する能力をもたない人もいるが，そういう人には人権はないのか，と。

これは責任と義務を共有できる人間どうしで，そういう人の自由と権利も確保しようという合意を取り決めているのです。誰でも自分の家族にそういうハンデある人を身内としてもつ可能性があるわけですから。

1　18歳未満の子供には，自由と人権は与えてはならない。
2　どんな人にでも，自由と人権は無条件で保証されるべきだ。
3　近代社会では18歳になれば，だれにでも自由は与えられる。
4　自由と人権を獲得するには，責任能力を持つ必要がある。
5　障害者の人たちには，自由と人権は与えられていない。

[7]　次の文章の内容として一致しているものはどれか。

　多くの場合，「批判」という言葉を聞いて連想することは，「相手を攻撃する」などといったイメージである。しかしながら，批判とは，本来，検討を充分に加えた上で批評するものであり，また，「批判」と訳されるドイツ語のクリティークは，「よいものを選び取る」というニュアンスが強い。いずれにしても，相手を感情的に攻撃することとは，似て非なるものであるといえよう。

　かつて，シュンペーターという経済学者は，同時代に活躍した経済学者であるケインズについて，真っ向から異なる見解を述べながら批評を続けた。一方，ケインズが亡くなった後に書いた追悼論文では，異なる見解を述べることを控えつつ，亡き学者の実績と学説を細部にいたるまでまとめ上げた。私達は，ここに本来あるべき批判の姿勢をみることができる。

　自らと異なる見解を持つ者に感情をぶつけることは本当の意味での批判でなく，ましてや学問のあるべき姿勢にはなじまない。異なる見解だからこそ，詳細に検討し，誤りと考える部分をその根拠を挙げながら論理的に指摘し，筋道立てて自説を展開しければならない。

1　批判の出発点は，相手を攻撃することである。
2　ドイツ語のクリティークという概念こそ，批判の対象となるべきものである。
3　ケインズとシュンペーターは，互いの経済学説について激しい論争を繰り広げた。
4　ケインズについて述べたシュンペーターによる追悼論文には，詳細な研究の跡が反映されていた。
5　学者にとって批判精神は命そのものであり，批判の型も個性的なものでなければならない。

○○○解答・解説○○○

1 4

解説 藤田正勝編『哲学の根本問題 数理の歴史主義展開』P69より。
1 最後の一文と一致しない。 2 宗教の開祖についての言及はない。
3 「ただわれわれが物を考えるというだけならば必ずしも論理的とはいわれない。」の部分と一致しない。 4 正しい。「論理的ということは，そういう場合には論証的，推論的ということになる。」という部分の主旨と一致する。 5 伝道の際に，人々を説得するために，信仰内容を論理的な教義に組織した神学が不可欠であるとしている。

2 3

解説 黒井千次『老いるということ』。 1 適切でない。空欄直前の「自らが渦中にある老いを捉えた優れた小説に切実なリアリティーが宿るのは確かですが」と矛盾する。空欄には，高齢者の立場から老いを論じる態度を表す語句は入らない。 2 適切でない。「傍観者」という言葉では，老いに対する関心が希薄な意味合いに受け取られる。 3 適切。まだ高齢者ではない人の視点から老いの本質を客観的に分析する態度を指している。 4 適切でない。設問が要求しているのは，自分自身が老いをまだ経験していないという前提に基づいている語句である。 5 適切でない。空欄後の「切実さやリアリティー」と矛盾する。想像力だけでは老いの本質をとらえるには不十分。

3 5

解説 金田一春彦『話し言葉の技術』。 1 言語の持つ4つの側面について，筆者は例を挙げて説明しているが，設問文の要旨としては不十分。 2 設問文は，話し言葉と書き言葉の役割について述べた文ではない。言語の性質について論じている。 3 日本に住む外国人が，必ずしも日本語を駆使できなくても暮らしていけるように，言語を駆使できるレベルでなくても社会生活を営むことはできる。また言語を駆使できないと生活に支障をきたすとは，どういうことかについての具体的な記述がない。
4 人間以外の動物も仲間とコミュニケーションをとり，社会生活を営んでいる。 5 正しい。私たちが社会生活を営む際に，言語を用いないですませるということはまったく考えられない。

4 3

解説 高階秀爾『日本近代美術史論』。雪舟，（長谷川）等伯は，ともに日本を代表する水墨画家である。雪舟は室町時代，等伯は安土桃山時代に活躍した。雪舟の代表作は「四季山水図」，等伯の代表作は「松林図屏風」である。　1　友人たちが日本古美術に対してまったく関心がないのなら，筆者に同行することはあり得ない。　2　友人たちは，雪舟や等伯の作品に対して大いに関心を持っていた。　3　正しい。友人たちのよそよそしさは，雪舟と等伯の作品に対する言葉では言い表せない違和感が原因と考えられる。　4　日本画に対する不見識とはあまりにも的外れである。　5　友人たちが，自国の文化に対する優越感のせいで，雪舟や等伯を理解できなかったとはまったく考えられない。

5 4

解説 稲垣佳世子・波多野誼余夫『人はいかに学ぶか』。この文章の要旨は，「珠算塾では計算（珠の操作）が速くなることを練習する。子どもたちの目的も，速く誤りなく計算し，上の級に上がることである。そこでは多くの場合，なぜこのやり方はうまくいくのか，このステップはどんな意味をもっているのかなどを考えてみようとはしないであろう。」ということ。「珠算の手続き」とは珠の動かし方であり，桁のくり上がりやくり下がりなど，「この問題のときはこの動かし方」という練習して覚えた各ステップのこと。「珠算の手続きの本質的意味」とは，「なぜ珠をそのように動かすのか」，「この手続きは数学的にどのような意味をもつのか」ということである。よって，正答は4。

6 4

解説 竹田青嗣『中学生からの哲学「超」入門』より。　1　18歳になれば法律上自由に生き方を選択する権利があるが，18歳未満の子供に自由や人権がまったくないということではない。　2　本文は近代社会において人が自由と人権を得るための条件について論じている。無条件ということではない。　3　18歳になれば法律上誰でも自由を保証されるのであって，無条件で自由になれるわけではない。　4　正しい。自分の行動に責任が持てるようになって初めて自由と人権が与えられる。その目安を法律は18歳と定めている。　5　障害者にも自由と人権が保証される。現代社会では，障害者に責任能力がないという理由で，自由や人権が与えられな

いということは現実的ではない。

7 4

解説 1　批判とは，本来は，検討を十分に加えるものであるとの記述がある。　2　ドイツ語のクリティークについては，むしろ肯定的に捉えられている。　3　ケインズがシュンペーターを批判したとの記述はない。4　正しい。第2段落の内容と一致している。　5　批判精神そのものを重視する記述や，批判の型が個性的であるべきという記述はない。

非言語分野

計算式・不等式

演習問題

1 分数 $\dfrac{30}{7}$ を小数で表したとき，小数第100位の数字として正しいものはどれか。

   1　1　　　2　2　　　3　4　　　4　5　　　5　7

2 $x=\sqrt{2}-1$ のとき，$x+\dfrac{1}{x}$ の値として正しいものはどれか。

   1　$2\sqrt{2}$　　2　$2\sqrt{2}-2$　　3　$2\sqrt{2}-1$　　4　$3\sqrt{2}-3$

   5　$3\sqrt{2}-2$

3 360の約数の総和として正しいものはどれか。

   1　1060　　　2　1170　　　3　1250　　　4　1280　　　5　1360

4 $\dfrac{x}{2}=\dfrac{y}{3}=\dfrac{z}{5}$ のとき，$\dfrac{x-y+z}{3x+y-z}$ の値として正しいものはどれか。

   1　-2　　2　-1　　3　$\dfrac{1}{2}$　　4　1　　5　$\dfrac{3}{2}$

5 $\dfrac{\sqrt{2}}{\sqrt{2}-1}$ の整数部分を a，小数部分を b とするとき，$a\times b$ の値として正しいものは次のうちどれか。

   1　$\sqrt{2}$　　2　$2\sqrt{2}-2$　　3　$2\sqrt{2}-1$　　4　$3\sqrt{2}-3$

   5　$3\sqrt{2}-2$

6 $x=\sqrt{5}+\sqrt{2}$，$y=\sqrt{5}-\sqrt{2}$ のとき，x^2+xy+y^2 の値として正しいものはどれか。

   1　15　　　2　16　　　3　17　　　4　18　　　5　19

$\boxed{7}$ $\dfrac{\sqrt{2}}{\sqrt{2}-1}$ の整数部分をa, 小数部分をbとするとき, b^2の値として正しいものはどれか。

　1　$2-\sqrt{2}$　　　2　$1+\sqrt{2}$　　　3　$2+\sqrt{2}$　　　4　$3+\sqrt{2}$

　5　$3-2\sqrt{2}$

$\boxed{8}$ ある中学校の生徒全員のうち, 男子の7.5%, 女子の6.4%を合わせて37人がバドミントン部員であり, 男子の2.5%, 女子の7.2%を合わせて25人が吹奏楽部員である。この中学校の女子全員の人数は何人か。

　1　246人　　　2　248人　　　3　250人　　　4　252人　　　5　254人

$\boxed{9}$ 連続した3つの正の偶数がある。その小さい方2数の2乗の和は, 一番大きい数の2乗に等しいという。この3つの数のうち, 最も大きい数として正しいものはどれか。

　1　6　　　2　8　　　3　10　　　4　12　　　5　14

○○○解答・解説○○○

$\boxed{1}$　5

解説　実際に30を7で割ってみると,

$\dfrac{30}{7} = 4.28571428571\cdots\cdots$ となり, 小数点以下は, 6つの数字 "285714" が繰り返されることがわかる。$100 \div 6 = 16$ 余り4だから, 小数第100位は, "285714" のうちの4つ目の "7" である。

$\boxed{2}$　1

解説　$x = \sqrt{2}-1$を$x + \dfrac{1}{x}$に代入すると,

$$x + \dfrac{1}{x} = \sqrt{2}-1 + \dfrac{1}{\sqrt{2}-1} = \sqrt{2}-1 + \dfrac{\sqrt{2}+1}{(\sqrt{2}-1)(\sqrt{2}+1)}$$
$$= \sqrt{2}-1 + \dfrac{\sqrt{2}+1}{2-1}$$
$$= \sqrt{2}-1+\sqrt{2}+1 = 2\sqrt{2}$$

$\boxed{3}$ 2

解説 360を素因数分解すると，$360 = 2^3 \times 3^2 \times 5$ であるから，約数の総和は $(1 + 2 + 2^2 + 2^3)(1 + 3 + 3^2)(1 + 5) = (1 + 2 + 4 + 8)(1 + 3 + 9)(1 + 5) = 15 \times 13 \times 6 = 1170$ である。

$\boxed{4}$ 4

解説 $\dfrac{x}{2} = \dfrac{y}{3} = \dfrac{z}{5} = A$ とおく。

$x = 2A, \ y = 3A, \ z = 5A$ となるから，

$x - y + z = 2A - 3A + 5A = 4A, \ 3x + y - z = 6A + 3A - 5A = 4A$

したがって，$\dfrac{x - y + z}{3x + y - z} = \dfrac{4A}{4A} = 1$ である。

$\boxed{5}$ 4

解説 分母を有理化する。

$\dfrac{\sqrt{2}}{\sqrt{2} - 1} = \dfrac{\sqrt{2}(\sqrt{2} + 1)}{(\sqrt{2} - 1)(\sqrt{2} + 1)} = \dfrac{2 + \sqrt{2}}{2 - 1} = 2 + \sqrt{2} = 2 + 1.414\cdots = 3.414\cdots$

であるから，$a = 3$ であり，$b = (2 + \sqrt{2}) - 3 = \sqrt{2} - 1$ となる。

したがって，$a \times b = 3(\sqrt{2} - 1) = 3\sqrt{2} - 3$

$\boxed{6}$ 3

解説 $(x + y)^2 = x^2 + 2xy + y^2$ であるから，

$x^2 + xy + y^2 = (x + y)^2 - xy$ と表せる。

ここで，$x + y = (\sqrt{5} + \sqrt{2}) + (\sqrt{5} - \sqrt{2}) = 2\sqrt{5}$，

$xy = (\sqrt{5} + \sqrt{2})(\sqrt{5} - \sqrt{2}) = 5 - 2 = 3$

であるから，求める $(x + y)^2 - xy = (2\sqrt{5})^2 - 3 = 20 - 3 = 17$

$\boxed{7}$ 5

解説 分母を有理化すると，

$\dfrac{\sqrt{2}}{\sqrt{2} - 1} = \dfrac{\sqrt{2}(\sqrt{2} + 1)}{(\sqrt{2} - 1)(\sqrt{2} + 1)} = \dfrac{2 + \sqrt{2}}{2 - 1} = 2 + \sqrt{2}$

$\sqrt{2} = 1.4142\cdots\cdots$ であるから，$2 + \sqrt{2} = 2 + 1.4142\cdots\cdots = 3.14142\cdots\cdots$

したがって，$a = 3, \ b = 2 + \sqrt{2} - 3 = \sqrt{2} - 1$ といえる。

したがって，$b^2 = (\sqrt{2} - 1)^2 = 2 - 2\sqrt{2} + 1 = 3 - 2\sqrt{2}$ である。

$\boxed{8}$ 3

解説 　男子全員の人数をx，女子全員の人数をyとする。

$0.075x + 0.064y = 37\cdots①$

$0.025x + 0.072y = 25\cdots②$

①$-$②$\times 3$ より

$$-)\begin{cases} 0.075x + 0.064y = 37\cdots① \\ 0.075x + 0.216y = 75\cdots②' \end{cases}$$
$$-0.152y = -38$$

∴　$152y = 38000$　　∴　$y = 250$　$x = 280$

よって，女子全員の人数は250人。

$\boxed{9}$ 3

解説 　3つのうちの一番小さいものを$x(x>0)$とすると，連続した3つの正の偶数は，x，$x+2$，$x+4$であるから，与えられた条件より，次の式が成り立つ。$x^2+(x+2)^2=(x+4)^2$　かっこを取って，$x^2+x^2+4x+4=x^2+8x+16$　整理して，$x^2-4x-12=0$　よって，$(x+2)(x-6)=0$　よって，$x=-2$，6　　$x>0$だから，$x=6$ である。したがって，3つの偶数は，6，8，10である。このうち最も大きいものは，10である。

速さ・距離・時間

演習問題

1 家から駅までの道のりは30kmである。この道のりを，初めは時速5km，途中から，時速4kmで歩いたら，所要時間は7時間であった。時速5kmで歩いた道のりとして正しいものはどれか。

1　8km　　2　10km　　3　12km　　4　14km　　5　15km

2 横の長さが縦の長さの2倍である長方形の厚紙がある。この厚紙の四すみから，一辺の長さが4cmの正方形を切り取って，折り曲げ，ふたのない直方体の容器を作る。その容積が64cm³のとき，もとの厚紙の縦の長さとして正しいものはどれか。

1　$6-2\sqrt{3}$　　2　$6-\sqrt{3}$　　3　$6+\sqrt{3}$　　4　$6+2\sqrt{3}$
5　$6+3\sqrt{3}$

3 縦50m，横60mの長方形の土地がある。この土地に，図のような直角に交わる同じ幅の通路を作る。通路の面積を土地全体の面積の$\dfrac{1}{3}$以下にするには，通路の幅を何m以下にすればよいか。

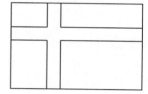

1　8m　　2　8.5m　　3　9m　　4　10m
5　10.5m

4 下の図のような，曲線部分が半円で，1周の長さが240mのトラックを作る。中央の長方形ABCDの部分の面積を最大にするには，直線部分ADの長さを何mにすればよいか。次から選べ。

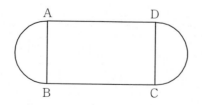

1　56m　　2　58m　　3　60m　　4　62m　　5　64m

5 AとBの2つのタンクがあり，Aには8m³，Bには5m³の水が入っている。Aには毎分1.2m³，Bには毎分0.5m³ずつの割合で同時に水を入れ始めると，Aの水の量がBの水の量の2倍以上になるのは何分後からか。正しいものはどれか。

　　1 8分後　　　2 9分後　　　3 10分後　　　4 11分後　　　5 12分後

○○○解答・解説○○○

1 2

解説　時速5kmで歩いた道のりを$x$kmとすると，時速4kmで歩いた道のりは，$(30-x)$kmであり，時間＝距離÷速さ　であるから，次の式が成り立つ。

$$\frac{x}{5} + \frac{30-x}{4} = 7$$

両辺に20をかけて，$4x + 5(30-x) = 7 \times 20$

整理して，$4x + 150 - 5x = 140$

　　よって，$x = 10$ である。

2 4

解説　厚紙の縦の長さを$x$cmとすると，横の長さは$2x$cmである。また，このとき，容器の底面は，縦$(x-8)$cm，横$(2x-8)$cmの長方形で，容器の高さは4cmである。

厚紙の縦，横，及び，容器の縦，横の長さは正の数であるから，

　　$x > 0$，$x - 8 > 0$，$2x - 8 > 0$

すなわち，$x > 8$……①

容器の容積が64cm³であるから，

$4(x-8)(2x-8) = 64$ となり，

　　$(x-8)(2x-8) = 16$

これより，$(x-8)(x-4) = 8$

$x^2 - 12x + 32 = 8$ となり，$x^2 - 12x + 24 = 0$

よって，$x = 6 \pm \sqrt{6^2 - 24} = 6 \pm \sqrt{12} = 6 \pm 2\sqrt{3}$

このうち①を満たすものは，$x = 6 + 2\sqrt{3}$

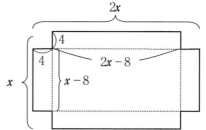

$\boxed{3}$ 4

解説 通路の幅をxmとすると，$0<x<50$……①

また，$50x+60x-x^2\leqq1000$

よって，$(x-10)(x-100)\geqq0$

したがって，$x\leqq10,\ 100\leqq x$……②

①②より，$0<x\leqq10$ つまり，10m以下。

$\boxed{4}$ 3

解説 直線部分ADの長さをxmとおくと，$0<2x<240$より，xのとる値の範囲は，$0<x<120$である。

半円の半径をrmとおくと，

$2\pi r=240-2x$より，

$r=\dfrac{120}{\pi}-\dfrac{x}{\pi}=\dfrac{1}{\pi}(120-x)$

長方形ABCDの面積をym²とすると，

$y=2r\cdot x=2\cdot\dfrac{1}{\pi}(120-x)x$

$\ =-\dfrac{2}{\pi}(x^2-120x)$

$\ =-\dfrac{2}{\pi}(x-60)^2+\dfrac{7200}{\pi}$

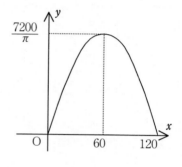

この関数のグラフは，図のようになる。yは$x=60$のとき最大となる。

$\boxed{5}$ 3

解説 x分後から2倍以上になるとすると，題意より次の不等式が成り立つ。

$8+1.2x\geqq2(5+0.5x)$

かっこをはずして，$8+1.2x\geqq10+x$

整理して，$0.2x\geqq2$ よって，$x\geqq10$

つまり10分後から2倍以上になる。

組み合わせ・確率

演習問題

$\boxed{1}$ 1個のさいころを続けて3回投げるとき，目の和が偶数になるような場合は何通りあるか。正しいものを選べ。

  1 106通り   2 108通り   3 110通り   4 112通り
  5 115通り

$\boxed{2}$ A，B，C，D，E，Fの6人が2人のグループを3つ作るとき，AとBが同じグループになる確率はどれか。正しいものを選べ。

  1 $\dfrac{1}{6}$ 2 $\dfrac{1}{5}$ 3 $\dfrac{1}{4}$ 4 $\dfrac{1}{3}$ 5 $\dfrac{1}{2}$

○○○解答・解説○○○

$\boxed{1}$ 2

解説　和が偶数になるのは，3回とも偶数の場合と，偶数が1回で，残りの2回が奇数の場合である。さいころの目は，偶数と奇数はそれぞれ3個だから，

  (1)　3回とも偶数：$3 \times 3 \times 3 = 27$〔通り〕
  (2)　偶数が1回で，残りの2回が奇数
    ・偶数/奇数/奇数：$3 \times 3 \times 3 = 27$〔通り〕
    ・奇数/偶数/奇数：$3 \times 3 \times 3 = 27$〔通り〕
    ・奇数/奇数/偶数：$3 \times 3 \times 3 = 27$〔通り〕
  したがって，合計すると，$27 + (27 \times 3) = 108$〔通り〕である。

$\boxed{2}$ 2

解説　A，B，C，D，E，Fの6人が2人のグループを3つ作るときの，すべての作り方は $\dfrac{{}_6C_2 \times {}_4C_2}{3!} = 15$ 通り。このうち，AとBが同じグループになるグループの作り方は $\dfrac{{}_4C_2}{2!} = 3$ 通り。よって，求める確率は $\dfrac{3}{15} = \dfrac{1}{5}$ である。

図形

演習問題

1 次の図で，直方体ABCD－EFGHの辺 AB，BCの中点をそれぞれ M，Nとする。この直方体を3点M，F，Nを通る平面で切り，頂点B を含むほうの立体をとりさる。AD＝DC ＝8cm，AE＝6cmのとき，△MFNの 面積として正しいものはどれか。

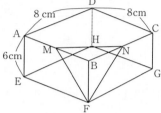

1　$3\sqrt{22}$〔cm²〕　　2　$4\sqrt{22}$〔cm²〕

3　$5\sqrt{22}$〔cm²〕　　4　$4\sqrt{26}$〔cm²〕

5　$4\sqrt{26}$〔cm²〕

2 右の図において，四角形ABCDは円に内 接しており，弧BC＝弧CDである。AB，AD の延長と点Cにおけるこの円の接線との交点 をそれぞれP，Qとする。AC＝4cm，CD＝ 2cm，DA＝3cmとするとき，△BPCと△ APQの面積比として正しいものはどれか。

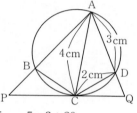

1　1：5　　2　1：6　　3　1：7　　4　2：15　　5　3：20

3 1辺の長さが15のひし形がある。その対角線の長さの差は6である。 このひし形の面積として正しいものは次のどれか。

1　208　　2　210　　3　212　　4　214　　5　216

4 右の図において，円C_1の 半径は2，円C_2の半径は5，2 円の中心間の距離は$O_1O_2＝9$ である。2円の共通外接線lと2 円C_1，C_2との接点をそれぞれA， Bとするとき，線分ABの長さ として正しいものは次のどれ か。

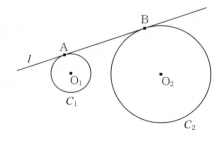

1　$3\sqrt{7}$　　2　8　　3　$6\sqrt{2}$　　4　$5\sqrt{3}$　　5　$4\sqrt{5}$

5 下の図において，点Eは，平行四辺形ABCDの辺BC上の点で，AB ＝AEである。また，点Fは，線分AE上の点で，∠AFD＝90°である。∠ABE＝70°のとき，∠CDFの大きさとして正しいものはどれか。

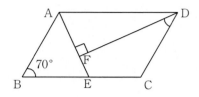

1 48°　　2 49°　　3 50°　　4 51°　　5 52°

6 底面の円の半径が4で，母線の長さが 12の直円すいがある。この円すいに内接 する球の半径として正しいものは次のど れか。

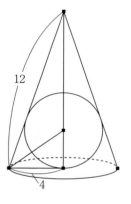

1 $2\sqrt{2}$

2 3

3 $2\sqrt{3}$

4 $\dfrac{8}{3}\sqrt{2}$

5 $\dfrac{8}{3}\sqrt{3}$

○○○解答・解説○○○

1 2

解説　△MFNはMF＝NFの二等辺三角形。MB＝$\dfrac{8}{2}$＝4，BF＝6より，

$MF^2＝4^2＋6^2＝52$

また，MN＝$4\sqrt{2}$

FからMNに垂線FTを引くと，△MFTで三平方の定理より，

$FT^2＝MF^2－MT^2＝52－\left(\dfrac{4\sqrt{2}}{2}\right)^2＝52－8＝44$

よって，FT＝$\sqrt{44}＝2\sqrt{11}$

したがって，△MFN＝$\dfrac{1}{2}\cdot 4\sqrt{2}\cdot 2\sqrt{11}＝4\sqrt{22}$〔cm²〕

$\boxed{2}$ 3

解説 $\angle PBC = \angle CDA$, $\angle PCB = \angle BAC = \angle CAD$から,
$\triangle BPC \backsim \triangle DCA$

相似比は$2：3$, 面積比は, $4：9$

また, $\triangle CQD \backsim \triangle AQC$で, 相似比は$1：2$, 面積比は$1：4$

したがって, $\triangle DCA：\triangle AQC = 3：4$

よって, $\triangle BPC：\triangle DCA：\triangle AQC = 4：9：12$

さらに, $\triangle BPC \backsim \triangle CPA$で, 相似比$1：2$, 面積比$1：4$

よって, $\triangle BPC：\triangle APQ = 4：(16+12) = 4：28 = 1：7$

$\boxed{3}$ 5

解説 対角線のうちの短い方の長さの半分の長さをxとすると, 長い方の対角線の長さの半分は, $(x+3)$と表せるから, 三平方の定理より次の式がなりたつ。

$$x^2 + (x+3)^2 = 15^2$$

整理して, $2x^2 + 6x - 216 = 0$ よって, $x^2 + 3x - 108 = 0$

$(x-9)(x+12) = 0$より, $x = 9, -12$ xは正だから, $x = 9$である。

したがって, 求める面積は, $4 \times \dfrac{9 \times (9+3)}{2} = 216$

$\boxed{4}$ 5

解説 円の接線と半径より
$O_1A \perp l$, $O_2B \perp l$であるから,
点O_1から線分O_2Bに垂線O_1Hを
下ろすと, 四角形AO_1HBは長方
形で,

　$HB = O_1A = 2$だから,
$O_2H = 3$

$\triangle O_1O_2H$で三平方の定理より,
　$O_1H = \sqrt{9^2 - 3^2} = 6\sqrt{2}$
　　よって, $AB = O_1H = 6\sqrt{2}$

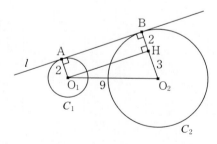

$\boxed{5}$ 3

解説 ∠AEB = ∠ABE = 70°より，∠AEC = 180 − 70 = 110°

また，∠ABE + ∠ECD = 180°より，∠ECD = 110°

四角形FECDにおいて，四角形の内角の和は360°だから，

∠CDF = 360° − (90° + 110° + 110°) = 50°

$\boxed{6}$ 1

解説 　円すいの頂点をA，球の中心を
O，底面の円の中心をHとする。3点A, O,
Hを含む平面でこの立体を切断すると，
断面は図のような二等辺三角形とその内
接円であり，求めるものは内接円の半径
OHである。

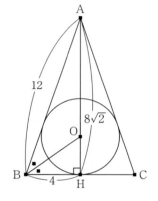

　△ABHで三平方の定理より，

　　AH$=\sqrt{12^2 - 4^2} = 8\sqrt{2}$

　　Oは三角形ABCの内心だから，BO
は∠ABHの2等分線である。

　よって，AO : OH = BA : BH = 3 : 1

　　OH$= \dfrac{1}{4}$ AH $= 2\sqrt{2}$

演習問題

1 O市，P市，Q市の人口密度（1km²あたりの人口）を下表に示してある，O市とQ市の面積は等しく，Q市の面積はP市の2倍である。

市	人口密度
O	390
P	270
Q	465

このとき，次の推論ア，イの正誤として，正しいものはどれか。

　ア　P市とQ市を合わせた地域の人口密度は300である
　イ　P市の人口はQ市の人口より多い
　　1　アもイも正しい
　　2　アは正しいが，イは誤り
　　3　アは誤りだが，イは正しい
　　4　アもイも誤り
　　5　アもイもどちらとも決まらない

2 2から10までの数を1つずつ書いた9枚のカードがある。A，B，Cの3人がこの中から任意の3枚ずつを取ったところ，Aの取ったカードに書かれていた数の合計は15で，その中には，5が入っていた。Bの取ったカードに書かれていた数の合計は16で，その中には，8が入っていた。Cの取ったカードに書かれていた数の中に入っていた数の1つは，次のうちのどれか。

　　1　2　　　2　3　　　3　4　　　4　6　　　5　7

3 体重の異なる8人が，シーソーを使用して，一番重い人と2番目に重い人を選び出したい。シーソーでの重さ比べを，少なくとも何回行わなければならないか。ただし，シーソーには両側に1人ずつしか乗らないものとする。

　　1　6回　　　2　7回　　　3　8回　　　4　9回　　　5　10回

4 A～Fの6人がゲーム大会をして，優勝者が決定された。このゲーム大会の前に6人は，それぞれ次のように予想を述べていた。予想が当たったのは2人のみで，あとの4人ははずれであった。予想が当たった2人の組み合わせとして正しいものはどれか。

A 「優勝者は，私かCのいずれかだろう。」
B 「優勝者は，Aだろう。」
C 「Eの予想は当たるだろう。」
D 「優勝者は，Fだろう。」
E 「優勝者は，私かFのいずれかだろう。」
F 「Aの予想ははずれるだろう。」

　　1　A，B　　2　A，C　　3　B，D　　4　C，D　　5　D，E

5 ある会合に参加した人30人について調査したところ，傘を持っている人，かばんを持っている人，筆記用具を持っている人の数はすべて1人以上29人以下であり，次の事実がわかった。

　i）傘を持っていない人で，かばんを持っていない人はいない。
　ii）筆記用具を持っていない人で，かばんを持っている人はいない。
このとき，確実に言えるのは次のどれか。

1　かばんを持っていない人で，筆記用具を持っている人はいない。
2　傘を持っている人で，かばんを持っている人はいない。
3　筆記用具を持っている人で，傘を持っている人はいない。
4　傘を持っていない人で，筆記用具を持っていない人はいない。
5　かばんを持っている人で，傘を持っている人はいない。

6 次A, B, C, D, Eの5人が，順に赤，緑，白，黒，青の5つのカードを持っている。また赤，緑，白，黒，青の5つのボールがあり，各人がいずれか1つのボールを持っている。各自のカードの色とボールの色は必ずしも一致していない。持っているカードの色とボールの色の組み合わせについてア，イのことがわかっているとき，Aの持っているボールの色は何色か。ただし，以下でXとY2人の色の組み合わせが同じであるとは，「Xのカード，ボールの色が，それぞれYのボール，カードの色と一致」していることを意味する。

　ア　CとEがカードを交換すると，CとDの色の組み合わせだけが同じになる。
　イ　BとDがボールを交換すると，BとEの色の組み合わせだけが同じ

になる。

1　青　　2　緑　　3　黒　　4　赤　　5　白

○○○解答・解説○○○

1 3

解説　「O市とQ市の面積は等しく，Q市の面積はP市の2倍」ということから，仮にO市とQ市の面積を1km²，P市の面積を2km²と考える。

ア…P市の人口は270×2＝540人，Q市の人口は465×1＝465人で，2つの市を合わせた地域の面積は3km2なので，人口密度は，（540＋465）÷3＝335人になる。

イ…P市の人口は540人，Q市は465人なので，P市の方が多いので正しいといえる。

よって推論アは誤りだが，推論イは正しい。

よって正解は3である。

2 3

解説　まず，Bが取った残りの2枚のカードに書かれていた数の合計は，16－8＝8である。したがって2枚のカードはどちらも6以下である。ところが「5」はAが取ったカードにあるから除くと，「2」，「3」，「4」，「6」の4枚となるが，この中で2数の和が8になるのは，「2」と「6」しかない。

次にAが取った残りの2枚のカードに書かれていた数の合計は，15－5＝10である。したがって2枚のカードはどちらも8以下である。この中で，すでにA自身やBが取ったカードを除くと「3」，「4」，「7」の3枚となるが，この中で2数の和が10になるのは，「3」と「7」のみである。

以上のことから，Cの取った3枚のカードは，AとBが取った残りの「4」「9」「10」である。

3 4

解説　全員の体重が異なるのだから，1人ずつ比較するしかない。したがって一番重い人を見つけるには，8チームによるトーナメント試合数，すなわち8－1＝7（回）でよい。図

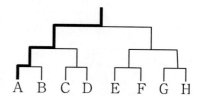

は8人をA〜Hとしてその方法を表したもので，Aが最も重かった場合である。次に2番目に重い人の選び出し方であるが，2番目に重い人の候補になるのは，図でAと比較してAより軽いと判断された3人である。すなわち最初に比較したBと，2回目に比較したC，Dのうちの重い方と，最後にAと比較したE〜Hの中で一番重い人の3人である。そしてこの3人の中で一番重い人を見つける方法は2回でよい。結局，少なくとも7＋2＝9（回）の重さ比べが必要であるといえる。

4 1

解説 下の表は，縦の欄に優勝したと仮定した人。横の欄に各人の予想が当たったか（○）はずれたか（×）を表したものである。

	A	B	C	D	E	F
A	○	○	×	×	×	×
B	×	×	×	×	×	○
C	○	×	×	×	×	×
D	×	×	×	×	×	○
E	×	×	○	×	○	○
F	×	×	○	○	○	○

　「予想が当たったのは，2人のみ」という条件を満たすのは，Aが優勝したと仮定したときのAとBのみである。よって，1が正しい。

5 3

解説 ⅰ）ⅱ）より集合の包含関係は図のようになっている。

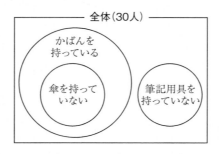

　図より，傘を持っていない人の集合と，筆記用具を持っていない人の集

合の共通部分は空集合であり，選択肢1，2，3，5については必ずしも空集合とは限らない。

したがって，確実に言えるのは「傘を持っていない人で，筆記用具を持っていない人はいない」のみである。

6 5

解説 最初の状態は，

	A	B	C	D	E
カード	赤	緑	白	黒	青

まずアより，EとCがカードを交換した場合，CとDの色の組み合わせだけが同じになることから，ボールの色が次のように決まる。

	A	B	C	D	E
カード	赤	緑	青	黒	白
ボール			黒	青	

つまり，Cのボールが黒，Dのボールが青と決まる。
カード交換前のカードの色で表すと，

	A	B	C	D	E
カード	赤	緑	白	黒	青
ボール			黒	青	

さらにイより，BとDがボールを交換すると，BとEの色の組み合わせだけが同じになることから，Eのボールの色が緑ときまる。つまり，

	A	B	C	D	E
カード	赤	緑	白	黒	青
ボール			黒	青	緑

ここで，Bのボールの色が白だとすると，Dとボールを交換したときに，CとDが黒と白で同じ色の組み合わせになってしまう。したがって，Aのボールの色が白，Bのボールの色が赤といえる。

つまり，次のように決まる。

	A	B	C	D	E
カード	赤	緑	白	黒	青
ボール	白	赤	黒	青	緑

演習問題

1 次の表は消防白書（総務省）より平成26年の出火原因別火災の発生状況とその損害額（千円）をまとめたものである。これについて正しいものはどれか。

出火原因	出火件数	損害額（千円）
放火	4884	3442896
こんろ	3484	3736938
たばこ	4088	4534257
放火の疑い	3154	2428493
たき火	2913	944074
火遊び	978	448466
火入れ	1665	257438
ストーブ	1426	5003139
電灯・電話の配線等	1298	5435929
配線器具	1193	2928339

（総務省消防庁『平成27年版 消防白書』より作成）

1 「火遊び」による損害額は最も低く，1件あたりの損害額も最も低くなっている。
2 「放火」による出火件数は最も多く，1件あたりの損害額は150万円を超える。
3 例年最も多い出火原因として挙げられるのは「放火」によるものである。
4 損害額が最も高い項目は，1件あたりの損害額も最も高くなっている。
5 損害額が3番目に高い項目は，1件あたりの損害額も同順位となっている。

2 次の表は2014年における各国の失業者数・失業率を示したものである。この表から正しくいえるものはどれか。

	失業者数（千人）	失業率（%）
日本	2359	3.6
フランス	3001	10.2
アメリカ	9616	6.2
韓国	937	3.5
ドイツ	2090	5.0
オーストラリア	745	6.1

（ILO "KILM 8th edition" より作成）

1　失業者数が最も多い国は，最も少ない国のおよそ15倍の人数である。
2　失業率が最も高い国は，失業者数も最も多くなっている。
3　日本の失業者数は，韓国の失業者数のおよそ2.5倍である。
4　失業率が最も低い国は，失業者数も最も少なくなっている。
5　ドイツはいずれの項目においても3番目に高い数値となっている。

3 次の表は各国の漁獲量（千t）を表している。この表から正しくいえるものはどれか。

	1960年	1980年	2000年	2014年
中国	2,215	3,147	14,982	17,514
インドネシア	681	1,653	4,159	6,508
アメリカ合衆国	2,715	3,703	4,760	4,984
インド	1,117	2,080	3,726	4,719
ロシア	3,066	9,502	4,027	4,233
ミャンマー	360	577	1,093	4,083

（帝国書院『地理データファイル2017年度版』より作成）

1　いずれの国においても，漁獲量は年々増加しており，2014年が最も大きい値となっている。
2　2014年におけるミャンマーの漁獲量は，1960年の漁獲量の12倍以上である。
3　2000年において漁獲量が最も少ない国は，2014年においても最も少ない漁獲量の数値を示している。
4　1980年における中国の漁獲量は，1960年の漁獲量の2倍以上である。
5　インドネシアにおける漁獲量は，いずれの年においてもアメリカの漁獲量を下回っている。

4 次の図は，わが国の製造業の事業所数，従業者数，出荷額について，平成7年の数値を100として表したものである（以下製造業を略す）。この図からいえることとして正しいものはどれか。

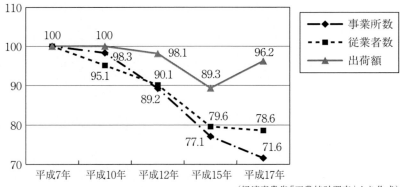

（経済産業省「工業統計調査」より作成）

1 平成15年の従業者数は平成12年の0.9倍以上である。
2 平成15年の1事業所当たりの出荷額は平成10年と比較して減少している。
3 平成10年の事業所数は平成15年の事業所数の1.2倍未満である。
4 平成12年の1事業所当たりの従業者数は平成10年と比較して増加している。
5 平成17年の1事業所当たりの出荷額は平成7年の1.4倍以上である。

5 次の表は，日本におけるサービス業，卸売・小売業，製造業の就業者数の推移を示したものである。この表から読み取れる内容についての記述として，妥当なものはどれか。

	就業者数（万人）			
	総数	サービス業	卸売・小売業	製造業
1970年	5,443	906	873	1,453
1980年	5,866	1,279	1,040	1,356
1990年	6,427	1,716	1,104	1,488
2000年	6,526	2,154	1,141	1,249
2010年	6,448	2,283	1,172	1,018

（「国民所得計算」「日本の100年」より作成）

1 1970年から1990年にかけてのデータを比較すると，各業種ともに新しいデータほど就業者の人数が多くなっている。

2 業種ごとに就業者の増減を比較すると，時期が下るほど就業者が増加し続けている業種はない。

3 最も変動が激しい業種について，最少と最多の時期を比較すると，2.5倍を超える開きがある。

4 就業者の数について，最少と最多の時期の開きが最も小さい業種は，製造業である。

5 就業者の総数は，実質国内総生産の推移によって変動している。

6 次の表は，わが国の自然公園の地域別面積を示したものである。自然公園は国立公園，国定公園及び都道府県立自然公園の3種類がある。またそれぞれ特別地域が定められている。この表からいえることとして正しいものはどれか。

わが国の自然公園の地域別面積

種別	公園数	公園面積（ha）	国土面積に対する比率（%）	内訳			
				特別地域		普通地域	
				面積(ha)	比率(%)	面積(ha)	比率(%)
国立公園	29	2,087,504	5.523	1,504,690	72.1	582,814	27.9
国定公園	56	1,362,065	3.604	1,267,743	93.1	94,322	6.9
都道府県立自然公園	313	1,970,780	5.214	716,531	36.4	1,254,248	63.6
自然公園合計	398	5,420,349	14.341	3,488,964	64.4	1,931,384	35.6

（環境省「自然公園面積総括表」より作成）

1 国立公園の普通地域の面積の，自然公園合計の普通地域の面積に対する割合は28%未満である。

2 国立公園の1公園当たりの面積は，国定公園の1公園当たりの面積の4倍以上である。

3 都道府県立自然公園の特別地域の面積の，国土面積に対する割合は2.6%未満である。

4 国定公園の面積は，都道府県立自然公園の面積の0.6倍未満である。

5 国立公園の1公園当たりの面積は，69,000ha未満である。

⑦ 次の表は，日本における織物の生産の推移を示している。この表から読み取れる内容として妥当なものはどれか。

（単位　百万m²）

	1980年	1990年	2000年	2010年
天然繊維織物・・・・・・・・・	2675	2199	799	161
綿織物・・・・・・・・・・・	2202	1765	664	124
毛織物・・・・・・・・・・・	294	335	98	32
絹・絹紡織物・・・・・・・	152	84	33	4
化学繊維織物・・・・・・・・・	4040	3376	1846	822
再生・半合成繊維織物	882	708	273	92
合成繊維織物・・・・・・・・	3159	2668	1573	730
計×・・・・・・・・・・・・・・	6737	5587	2645	983

×その他とも。

（経済産業省「生産動態統計」『日本国勢図会2018/19』より作成）

1　化学繊維織物の生産が最も減少している時期は，オイルショックの時期と重なっている。

2　天然繊維織物について，最も古いデータと最も新しいのデータを比較すると，約30分の1に減少している。

3　日本における織物の生産は，全体として減少傾向にあるものの，品目によっては一時的に増加している。

4　織物の生産の合計の推移をみると，2000年から2010年にかけての減少幅が最も大きい。

5　天然繊維織物の減少の要因としては，化学繊維織物の品質の向上によるものが大きい。

⑧ 次の図は，日本の2016年における従業者4人以上の従業者数別事業所数の割合と，それぞれの事業所が占める製造品出荷額等の割合を示したグラフである。ここから読み取れる内容として，最も妥当なものはどれか。

日本の従業者数別事業所数と製造品出荷額等

100〜299人

| 従業者数別事業所数
（2016年）
19.1万事業所 | 4〜9人
37.6% | 10〜19人
25.8 | 20〜29人
13.3 | 30〜99人
16.1 | 5.4 |

300人以上 1.8

| 従業者数別製造品出荷額等
（2016年）
302兆356億円 | 4.0 | 4.4 | 15.7 | 21.7 | 52.2 |

2.0%

（二宮書店『2020データブック・オブ・ワールド』より作成）

1 300人以上の事業所による製造品出荷額等の金額は，全体の半分に満たない。

2 従業者4〜9人の事業所による製造品出荷額等の金額は，6兆円に満たない。

3 事業所数について比較すると，その割合が最も多いのは事業者数が4〜9人の事業所であり，その数は，7万を超えている。

4 事業所数について，20人以上の事業所は，全体の3分の1に満たない。

5 事業所数について，その増加率を比較すると，300人以上の事業所の増加率が最も高く，10%を超えている。

---

9 次の図は，縦軸が第3次産業人口率，横軸が1人当たり国民総所得（GNI）を表し，各国のそれぞれの値をもとにグラフ上に点で示したものである。この図から読み取れる内容として，最も妥当なものはどれか。

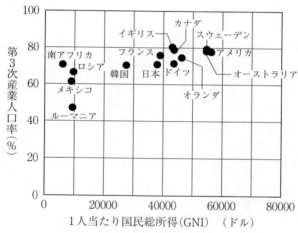

（二宮書店『2020データブック・オブ・ワールド』より作成）

1 第3次産業人口率の差は，イギリス，スウェーデンの間で最大となっている。

2 第3次産業人口率が60%以上，1人当たり国民総所得が20000ドル以下という条件を両方満たすのは，4カ国である。

3 1人当たり国民総所得について比較すると，日本の順位は，フランスに次ぐ7位である。

4 第2次産業人口率が高いほど，第3次産業人口率が高く，1人当たり

国民総所得が低い。　　5　1人当たり国民総所得の差は，アメリカと南アフリカの間で最大となっている。

○○○解答・解説○○○

1　4

解説　1　損害額が最も低く，1件あたりの損害額も最も低いのは「火入れ」である。　　2　「放火」による出火件数は最も多いが，1件あたりの損害額はおよそ100万円である。　　3　平成26年における出火原因として最も多いのは「放火」であるものの，その他の年については表からは読み取れない。　　4　正しい。損害額が最も高く，1件あたりの損害額も最も高い項目はいずれも「電灯・電話の配線等」である。　　5　損害額が3番目に高い項目は「たばこ」であるが，1件あたりの損害額が3番目に高い項目は「配線器具」である。

2　3

解説　1　失業者数が最も多い国はアメリカ（9616人）であり，最も少ない国であるオーストラリアのおよそ13倍である。　　2　失業率が最も高い国はフランスであり，失業者数が最も多い国はアメリカである。　　3　正しい。日本の失業者数は2359人であり，韓国の失業者数である937人のおよそ2.5倍である。　　4　表から読み取れるように，失業率が最も低い国は韓国の3.5％であり，失業者数が最も少ない国はオーストラリアでその人数は745人である。　　5　ドイツはいずれの項目においても4番目に高い数値となっている。

3　3

解説　1．誤り。ロシアに関しては，1980年から2000年にかけて漁獲量が減少していることが表から読み取れる。　　2．誤り。2014年におけるミャンマーの漁獲量は，1960年の漁獲量の11倍程度である。　　3．正しい。いずれの年においてもミャンマーが最も少ない値を示している。　　4．誤り。1980年における中国の漁獲量は，1960年の漁獲量の1.4倍程度である。　　5．誤り。2014年においてはインドネシアの漁獲量がアメリカ合衆国の漁獲量を上回っている。

4 4

解説 1. 平成15年の0.9倍であれば数値が81以上になるはずであるが，実際には79.6だから0.9倍未満である。 2. 1事業所当たりの出荷額は〔出荷額〕÷〔事業所数〕で求められる。平成15年において出荷額の数値（89.3）を事業所数の数値（77.1）で割ると1.1を超えるが，平成10年は1.1未満。つまり平成15年の1事業所当たりの出荷額は平成10年と比較して増加している。 3. 平成15年の事業所数の数値を80としても，80×1.2＜98.3（平成10年の数値）。よって，1.2倍以上である。 4. 1事業所当たりの従業者数は〔従業者数〕÷〔事業所数〕で求められる。平成10年と平成12年では事業所数のグラフと従業者数のグラフの上下が逆になっており，平成12年において，事業所数のグラフは従業者数のグラフより下にある。したがって，平成12年の1事業所当たりの従業者数が平成10年と比較して増加しているのは明らか。 5. 平成7年において出荷額の数値（100）を事業所数の数値（100）で割ると1。一方，平成17年では1.4未満である。つまり，平成17年の1事業所当たりの出荷額は平成7年の1.4倍未満である。

5 3

解説 1. 誤り。1970年と1980年を比較すると，製造業の就業者が減少している。 2. 誤り。サービス業と卸売・小売業については，時期が下るほど就業者が増加している。 3. 正しい。最も変動が激しいサービス業について，最少の1970年と最多の2010年を比較すると，2283/906≒2.52倍の開きがある。 4. 誤り。最少と最多の時期の開きは，サービス業が2283−906＝1377〔万人〕，卸売・小売業が1172−873＝299〔万人〕，製造業が1488−1018＝470〔万人〕である。 5. 誤り。実質国内総生産が示されていないので，判断できない。

6 3

解説 1. 自然公園合計の普通地域の面積を2,000,000haとしても29％以上である。 2. 国立公園の公園数は国定公園の$\frac{1}{2}$倍より多く，国立公園の面積は国定公園の面積の2倍未満だから，国立公園の1公園当たりの面積は，国定公園の1公園当たりの面積の4倍未満である。 3. 都道府県立自然公園の面積の，国土面積に対する割合は5.214％だから，都道

府県立自然公園の特別地域の面積の，都道府県立自然公園全体の面積に対する割合（36.4％）を40％としても5.214×0.4＜2.6。つまり，都道府県立自然公園の特別地域の面積の，国土面積に対する割合は2.6％未満である。　4．都道府県立自然公園の面積を2,000,000haとしても国定公園の面積は都道府県立自然公園の面積の0.6倍以上であり，実際の都道府県立自然公園の面積は2,000,000ha未満である。よって，国定公園の面積は，都道府県立自然公園の面積の0.6倍以上である。　5．国立公園の公園数を30としても国立公園の1公園当たりの面積は，69,000ha以上であり，実際の国立公園の公園数は30未満である。よって，国立公園の1公園当たりの面積は，69,000ha以上である。

7 3

解説　1．誤り。オイルショックとの関連は，表中から読み取れない。なお，第1次オイルショックは1973年，第2次オイルショックは1979年のことである。　2．誤り。天然繊維織物について1980年と2010年のデータを比較すると，約16分の1に減少している。　3．正しい。毛織物について1980年と1990年を比較すると，一時的に増加していることがわかる。4．誤り。減少幅についてみると，2000年から2010年が1662百万m²であるのに対して，1990年から2000年は2942百万m²である。　5．誤り。化学繊維の品質については，表中から読み取れない。

8 3

解説　1．誤り。300人以上の事業所による製造品出荷額等の金額は，全体の52.2％であるから，半分を超えている。　2．誤り。出荷額は，全体の出荷額に割合をかけることによって求められるので，302.0356〔兆円〕×0.02≒6.041〔兆円〕である。　3．正しい。まず，グラフより，従業者数別事業所数について最も多いのは4～9人の事業所であり，その割合は37.6％である。また，その数は，全体の事業所数に割合をかけることによって求められるので，191,000×0.376＝71,816である。　4．誤り。事業所数について，20人以上の事業所は，20～29人が13.3％，30～99人が16.1％，100～299人が5.4％，300人以上が1.8％であるから，合計すると，13.3＋16.1＋5.4＋1.8＝36.6〔％〕となり，全体の3分の1を超えている。5．誤り。増加率を求めるためには時系列のデータが必要であるが，ここでは1年分のデータが与えられているだけなので，判断できない。

解説　1. 誤り。第3次産業人口率の差については，各国の縦軸の値の差を読み取ることによって求められ，イギリス，スウェーデンの差はわずかである。　2. 誤り。第3次産業人口率が60％以上，1人当たり国民総所得が20000ドル以下という条件を両方満たすのは，南アフリカ，ロシア，メキシコの3カ国である。　3. 誤り。1人当たり国民総所得の順位は9位である。日本より1人当たり国民総所得が大きい国として，アメリカ，スウェーデン，オーストラリア，オランダ，カナダ，ドイツ，イギリス，フランスが挙げられる。　4. 誤り。第2次産業人口率についてのデータは示されておらず，判断できない。　5. 正しい。1人当たり国民総所得の差については，各国の横軸の値の差を読み取ることによって求められ，最大がアメリカ，最少が南アフリカである。

●情報提供のお願い●

　就職活動研究会では，就職活動に関する情報を募集していま
す。

　エントリーシートやグループディスカッション，面接，筆記
試験の内容等について情報をお寄せください。ご応募はメール
アドレス（edit@kyodo-s.jp）へお願いいたします。お送りくださ
いました方々には薄謝をさしあげます。

　ご協力よろしくお願いいたします。

会社別就活ハンドブックシリーズ

任天堂の
就活ハンドブック

編　著	就職活動研究会
発　行	令和6年2月25日
発行者	小貫輝雄
発行所	協同出版株式会社

〒101-0054
東京都千代田区神田錦町2-5
　　電話　03-3295-1341
　　振替　東京00190-4-94061

印刷所	協同出版・POD工場

落丁・乱丁はお取り替えいたします

●2025年度版●
会社別就活ハンドブックシリーズ

【全111点】

運　輸

東日本旅客鉄道の就活ハンドブック	小田急電鉄の就活ハンドブック
東海旅客鉄道の就活ハンドブック	阪急阪神 HD の就活ハンドブック
西日本旅客鉄道の就活ハンドブック	商船三井の就活ハンドブック
東京地下鉄の就活ハンドブック	日本郵船の就活ハンドブック

機　械

三菱重工業の就活ハンドブック	浜松ホトニクスの就活ハンドブック
川崎重工業の就活ハンドブック	村田製作所の就活ハンドブック
IHI の就活ハンドブック	クボタの就活ハンドブック
島津製作所の就活ハンドブック	

金　融

三菱 UFJ 銀行の就活ハンドブック	野村證券の就活ハンドブック
三菱 UFJ 信託銀行の就活ハンドブック	りそなグループの就活ハンドブック
みずほ FG の就活ハンドブック	ふくおか FG の就活ハンドブック
三井住友銀行の就活ハンドブック	日本政策投資銀行の就活ハンドブック
三井住友信託銀行の就活ハンドブック	

建設・不動産

三菱地所の就活ハンドブック	鹿島建設の就活ハンドブック
三井不動産の就活ハンドブック	大成建設の就活ハンドブック
積水ハウスの就活ハンドブック	清水建設の就活ハンドブック
大和ハウス工業の就活ハンドブック	

資源・素材

旭旭化成グループの就活ハンドブック	関西電力の就活ハンドブック
東レの就活ハンドブック	日本製鉄の就活ハンドブック
ワコールの就活ハンドブック	中部電力の就活ハンドブック

九州電力の就活ハンドブック

自動車

トヨタ自動車の就活ハンドブック

デンソーの就活ハンドブック

本田技研工業の就活ハンドブック

日産自動車の就活ハンドブック

商　社

三菱商事の就活ハンドブック

伊藤忠商事の就活ハンドブック

住友商事の就活ハンドブック

双日の就活ハンドブック

丸紅の就活ハンドブック

豊田通商の就活ハンドブック

三井物産の就活ハンドブック

情報通信・IT

NTT データの就活ハンドブック

サイバーエージェントの就活ハンドブック

NTT ドコモの就活ハンドブック

LINE ヤフーの就活ハンドブック

野村総合研究所の就活ハンドブック

SCSK の就活ハンドブック

日本電信電話の就活ハンドブック

富士ソフトの就活ハンドブック

KDDI の就活ハンドブック

日本オラクルの就活ハンドブック

ソフトバンクの就活ハンドブック

GMO インターネットグループ

楽天の就活ハンドブック

オービックの就活ハンドブック

mixi の就活ハンドブック

DTS の就活ハンドブック

グリーの就活ハンドブック

TIS の就活ハンドブック

食品・飲料

サントリー HD の就活ハンドブック

日本たばこ産業 の就活ハンドブック

味の素の就活ハンドブック

日清食品グループの就活ハンドブック

キリン HD の就活ハンドブック

山崎製パンの就活ハンドブック

アサヒグループ HD の就活ハンドブック

キユーピーの就活ハンドブック

生活用品

資生堂の就活ハンドブック

武田薬品工業の就活ハンドブック

花王の就活ハンドブック

電気機器

三菱電機の就活ハンドブック	パナソニックの就活ハンドブック
ダイキン工業の就活ハンドブック	富士通の就活ハンドブック
ソニーの就活ハンドブック	キヤノンの就活ハンドブック
日立製作所の就活ハンドブック	京セラの就活ハンドブック
ＮＥＣの就活ハンドブック	オムロンの就活ハンドブック
富士フイルム HD の就活ハンドブック	キーエンスの就活ハンドブック

保　険

東京海上日動火災保険の就活ハンドブック	三井住友海上火災保険の就活ハンドブック
第一生命ホールディングスの就活ハンドブック	損保ジャパンの就活ハンドブック

メディア

日本印刷の就活ハンドブック	エイベックスの就活ハンドブック
博報堂 DY の就活ハンドブック	東宝の就活ハンドブック
TOPPAN ホールディングスの就活ハンドブック	

流通・小売

ニトリ HD の就活ハンドブック	ZOZO の就活ハンドブック
イオンの就活ハンドブック	

エンタメ・レジャー

オリエンタルランドの就活ハンドブック	任天堂の就活ハンドブック
アシックスの就活ハンドブック	カプコンの就活ハンドブック
バンダイナムコ HD の就活ハンドブック	セガサミー HD の就活ハンドブック
コナミグループの就活ハンドブック	タカラトミーの就活ハンドブック
スクウェア・エニックス HD の就活ハンドブック	

▼会社別就活ハンドブックシリーズにつきましては，協同出版
のホームページからもご注文ができます。詳細は下記のサイ
トでご確認下さい。

https://kyodo-s.jp/examination_company